"백송이 꽃으로 피어
천년의 맛을 빚다"

'교방'이란 조선시대 지방 관아에서 기생을 양성하는 기관이었다.
진주교방은 타 지역에 비해 규모가 커 '백화원'이라는 별도의 명칭이 붙었다.
남쪽 최고라 했던 진주 기생들이 교방에서 연회 준비와 함께 차린
진주 관아의 음식을 '교방음식'이라 했고, 빛깔과 맛이 아름답다 하여 '꽃상花盤'이라 불렀다.
꽃밭처럼 화려했던 교방음식은 지리산과 남해 일대를 속현으로 거느렸던
진주 수령들의 통치 수단이 되기도 했다.

문화와 역사가 있는 전통음식 古典

양반과 기생이 남긴 풍류
진주교방꽃상

아름다움에 반하고
맛에 취하다

박미영 지음

Mesmerizing beauty
　and Fascinating taste:

A story of traditional cuisine of Jinju

한국음식문화재단

발간사 發刊辭

"입 안 가득 향내는
꽃을 씹는 것보다 더 나아라"

조선후기 문신 오횡묵의 〈진주방문기〉 중

        양반의 나라였던 조선에서 천하되, 천하다 하지 못 할 신분이 있었으니 바로 기예와 충절로 이름을 날린 진주 기생들이었습니다. 임진왜란 때, 왜장의 목을 안고 남강에 투신한 의기 논개가 있었고, 을사오적을 거부한 산홍의 절가도 촉석루는 기억합니다. 태생으로 짊어진 역役을 내려놓고도 관아의 반빗간에 들어가 음식을 만들었던 진주교방 예인들. 진주교방 음식은 지리산과 남해가 만나 물산이 풍부했던 진주에서, 양반들의 풍류와 기생의 섬세한 손끝이 차려낸 진주만의 소울 푸드Soul food였습니다.

조선시대 지방관들은 진수성찬으로 능력을 과시했습니다. 대궐과의 거리감으로 임금의 눈치를 보지 않아도 좋았습니다. 특히 진주에는 육군을 총지휘하는 병마절도영과 경상 감영, 경남 도청이 자리했습니다. 관리들의 접대를 위한 잔칫상은 화려해질 수밖에 없었습니다.

이제 진주 기생들이 남긴 한恨과 흥興과 멋과 태態에 진주 천년의 향기를 얹어 차곡차곡 찬합에 담아봅니다. 한삼자락 낭만으로 떡을 빚고, 골 깊은 지리산의 산채를 조물조물 무칩니다. 진주 전통 우시장의 고기로 탕을 끓이고 사천 바다에서 건져 올린 해산물도 쪄냅니다. 월아산 진달래로 술을 담아 강주연못의 수단화를 번철에 지져 올린 꽃상차림이 진주 천년의 참맛을 널리 알리는 계기가 되었으면 합니다.

한국음식문화재단 이사장
박 미 영

추천사 推薦辭

『아름다움에 반하고 맛에 취하다』 책의 간행을 축하드린다. 경남에서 으뜸가는 고을 진주에는 오랜 역사가 흐르는 고유한 음식문화 교방음식이 있다. 교방음식은 조선시대 진주 기생을 양성하는 교방에서 차려 내던 상차림 음식인데 아름답고 맛이 그윽하여 접객음식의 정점을 이루는 진주 고유한 전통 음식문화이다. 오랜 역사를 소리 없이 잠겨있던 교방음식을 문헌으로 고찰하고 전래솜씨를 본받아 복원하여 사진으로 책에 담았는데 참으로 아름답고 맛과 격이 흐르는 명품이다. 필자는 진주고을 음식 맛의 원형은 교방음식임을 천명하며 진주교방 기생의 생애와 생활상을 서술한다. 진주 교방음식을 자아내게 한 수륙 양면의 풍부한 물산도 언급한다. 관아 수령이 베푸는 잔치음식을 비롯하여 진주 사대부집 접객음식, 의기 논개를 추모하는 제사음식, 임진왜란 당시 군목의 음식, 진주 고을 보편적 명물 비빔밥 이야기 등 이 한 권은 참으로 폭 넓은 내용을 담고 있다. 서술 내용은 하나 하나 근거문헌을 제시하면서 여덟 편으로 나뉘었는데 필자는 편을 마당이라 표현하여 풍류가 흐른다. 여덟 마당으로 나누어 서술한 진주 교방음식 내용과 복원한 사진을 담은 이 한 권의 책은 교방음식을 알릴 뿐 아니라 교방음식에 둘러싸인 역사와 사회상을 알림으로써 진주 교방음식의 격과 문화성을 드높이는 귀한 문헌이다.

필자 박미영 선생은 15년 전 한국음식문화재단을 설립하여 이사장으로 책임지면서 한국음식문화 발전에 많은 공헌을 남겨왔다. 그간 선생께서는 진주 교방음식을 재현하여 여러 번 발표하였고 한국음식 세계화를 기하고자 서울 광화문 광장에서 대대적으로 한국 식문화 세계화 포럼과 대축제를 거듭하였다. 한국음식문화 연구와 확대를 위한 선생의 공헌에 동학 모두가 감사드린다. 이번에 간행한 『아름다움에 반하고 맛의 취하다』 한 권은 선생의 진주 교방음식 연구 집성본으로 생각한다. 참으로 오랜 세월을 끊임없이 연구하시는 학구열에 찬사를 보내면서 음식문화 연구자에게 주신 좋은 지침과 격려에 감사드린다. 박미영 선생의 끊임없는 연구를 독려하고 후원하신 부군 이성수 박사께도 감사드리면서 『아름다움에 반하고 맛에 취하다』 간행을 거듭 축하드린다.

2022년 3월에
중앙대학교 명예교수 윤 서 석

목차 目次

문화와 역사가 있는 전통음식 古典

양반과 기생이 남긴 풍류
진주교방꽃상

아름다움에 반하고
맛에 취하다

첫 마당

옛날 옛적 양반골
진주에서는

014   옛날 옛적 양반골 진주에서는
016   "북北으로는 평양이요 남南으로는 진주라"
019   진주맛의 원형, 교방음식 문화의 발견
022   평안감사 VS 진주병사
024   이인좌의 난, 진주 사대부들의 중앙 진출이 막히다
026   '경상도 사나이'의 참뜻은 남명의 후학들
028   "이 걸이 저 걸이 갓 걸이, 진주 망건 또 망건"
030   진주 형평운동, 백정들이 만든 서울 설렁탕
032   옛 지도를 따라 진주성을 걷다
034   진주성 전투, 호남곡창과 이순신의 해군을 지키다
036   추로주秋露酒와 전복, 진주의 주안상
038   진즈 수령의 초조반, 약선죽을 올리다
040   관아 반빗간을 열다
042   아름다움에 반하고 맛에 취하다
044   신선의 주방에서 차려낸 진주교방 꽃상

둘째 마당

본디 기생이라 하는 것은

유과를 만들고, 미찬美饌을 차리며,
허드렛일을 도맡다
『교방절목敎坊節目』에 그려진 기생의 삶

048   본디 기생이라 하는 것은
050   "쌀 한 줌, 돈 한 푼을 뉘라서 줄런가"
052   진주 기妓 논개를 만나다
054   논개의 제향에 사슴고기를 올리다
056   장악원의 여악 폐지, 기방이 탄생되다
058   신흥 부유층의 음식 사치, 금주령이 풀리다
060   조선의 끝에서 조선을 부르다
062   서울에는 명월관, 진주에는 망월관

셋째 마당

수령이 베푸는 고을 잔치

- 066 조선시대 한류 열풍 '조선통신사'
- 068 "그릇 수를 얼핏 세니 한 상에 팔십이요, 수륙진찬 다 올랐다"
- 072 통신사 길을 따라 음식이 흐르고 섞이다
- 076 음식은 "내리고", 밥상은 "물리다"
- 078 새해 첫 날 도소주屠蘇酒로 사악한 기운을 떨치다
- 080 "아롱아롱 무늬 새겨 화전 굽세 화전 굽세"
- 082 "진실로 청하옵네다" "극구 사양하나이다"
- 084 "아버님! 소자 드디어 급제하였나이다!"
- 086 붕어는 회를 치고 은어는 밥에 넣고, 천연조미료 '백염매'
- 088 진주의 천년의 향신료, 배초향과 초피
- 090 새벽바다가 잔칫상이 되다, 자연주의 꽃상
- 092 수령의 여름나기, 밀전서과蜜煎西瓜와 백성의 참외

넷째 마당

역사에서 맛을 만나다

- 096 진주 '꽃상'에서 고려의 문화를 만나다
- 098 진주 강姜씨 혈식血食 제사에서 유래된 진주비빔밥
- 102 1915년 진주 '삼도정육점' 개업과 시장비빔밥
- 104 고사리, 도라지, 숙주나물, 진주 정신 깃든 '진주 꽃밥'
- 105 일제강점기 진주비빔밥
- 106 기생들이 만든 진주비빔밥
- 108 질박한 진주목 이순신 밥상, 난중일기를 펼치다
- 112 12척 배로 국운을 바꾼 명량대첩의 시작, 진주목 수곡마을
- 114 진주성 포로, 일본 두부의 새 역사를 쓰다
- 116 사찰에 모여 두부를 먹다, 승려들을 괴롭힌 연포회
- 118 해학 넘치는 유생과 관찰사의 헛제사밥
- 120 관서지방의 선주후면과 영남의 진주냉면
- 122 두부전을 얹어 먹는 장조림 진주냉면
- 124 후추와 잣, 매실로 양념한 관아의 냉면
- 126 1920년 진주에 기코만 장유공장이 설립되다
- 128 한우의 조상이 된 물소, 진주에 소고기 문화를 심다
- 130 양반의 소고기, 백성의 돼지육수, 거지의 잡탕

다섯째 마당

반가班家의 자존심, 진주 사대부집 차림상

134 사랑채와 안채, 가사를 분담하다
136 선비의 멋 오롯한 진주의 누정樓亭문화와 따뜻한 안주 신선로
138 답례의 상징이 된 양반고기 '잉어'
140 두텁떡의 원조, 시안Xion의 필라饆饠
143 수십 개 쟁반 가득, 음식을 부조하다
144 "술잔은 여섯 번 돌리고 안주는 다섯 번 올린다"
152 은장도를 들어 만두피를 가르다, 피날레를 장식한 대만두
154 진양 하씨 종택에 내려오는 비서秘書, 『호산춘』
156 초계 정씨 종가宗家의 "사신을 접대하던 주안상"
158 금성·삼성·효성의 발원지, 진주 부자마을
160 승산마을 김해 허씨 가문의 내림음식
162 소설 『토지』의 실제 모델, 평양 조씨 '화사별서'의 궁중음식
164 맑은 강에 배 띄우다, 남강 뱃놀이
166 잡채 판서, 침채 정승, 찬합 뇌물을 담다
168 망개과 옥잠화잎으로 덮은 남도풍의 서정

여섯째 마당

사월의 북바위는 태평고를 울리느냐

172 진주의 넉넉한 곳간, 지리산
174 꽃이 말을 걸어오다, 약선 별다담상別茶啖床
176 진주 기생의 못 다한 사랑, 패왕별희 별어탕鼈魚湯
179 음양陰陽으로 평平을 이루고 오미五味로 맛에 맛을 더하다
180 음식에 화룡정점을 찍다, 오방색 교태

일곱째 마당

19세기 주한 미국 대리공사 조지 포크George Foulk가 기록한 관아 상차림

- 184 은둔의 왕국 조선의 속살을 그리다
- 186 관아는 수령이 다스리는 작은 우주
- 188 충청 관찰사의 접대상, 소의 내장은 문화적 충격
- 190 은진현감 김씨 부인이 장만한 주안상, 국화꽃술에 반하다
- 192 익산 군수가 보내온 오찬과 러시아식 자쿠스카
- 194 친일 반민족행위자 전라감사, 성대한 잔치를 베풀다
- 196 나주 관아에서 유자정과와 죽순을 맛보다
- 198 합천 해인사의 소박한 사찰식 다과
- 200 "압도적이고 인상적인 진주 교방상"
- 202 "진주에는 예쁜 기생들이 많습니다"

끝 마당

백송이 꽃 핀 자리, 백화원 꽃상차림

- 206 『의례』에서 도道를 찾다, 정찬正餐과 가찬加餐의 규례
- 208 천자의 밥상 태뢰太牢, 수령의 밥상 소뢰小牢
- 210 "이것이 사람 먹으라는 음식이냐, 당장 상을 물려라!"
- 212 지방관, 진수성찬으로 능력을 과시하다
- 214 현실성 없이 제정된 『국조오례의國朝五禮儀』, 음식사치 불러와

양반과 기생이 남긴 풍류
진주교방꽃상

맛에 취하다 아름다움에 반하고

첫 마당

옛날 옛적 양반골
진주에서는

옛날 옛적 양반골 진주에서는

첫 마당

교방꽃상

1) 수령 밑에는 행정을 맡아보는 이방, 호방, 예방, 병방, 형방, 공방의 6방이 있었다. 하급관리인 이들을 아전 혹은 서리, 향리라 불렀다.
2) 아전의 집무실.
3) 기생명부.
4) 여성들이 행하던 가무.

"행수 중의 일행수, 금향이 왔느냐?"
"예, 등대하였소."
"녹수청산 옥피리, 옥선이 왔느냐?"
"예, 나오."

호방[1]의 목소리가 질청[2]을 울린다. 기안[3]을 펼쳐 놓고 도망친 자가 없는지 확인한다. 기생 점고點考다. 관아에 속한 기생들은 닷새마다 한 번씩 교방敎坊에 나가 기예를 익히며 고유의 문화를 완성했다. 교방문화다. 조선시대, 서울에는 장악원이 있어 여악[4]女樂을 교육했고 지방 관아에는 교방청을 두어 기생을 양성했다. 교방은 국악과 가무의 전통을 이은 예술의 산실이었다.

기생은 신분이 천인이었기에 이렇다 할 급여가 주어지지 않았다. 생계가 막막한 기생들은 교방 연습이 없는 날엔 몇 푼의 해웃값을 받거나 양반가에서 일을 거들며 생계를 이어갔다. 해우解憂는 '근심을 해소한다'는 뜻이니 해웃값이란 스트레스를 풀어주는 대가였다. 기생들은 합법적으로 유린된 질곡의 여성사를 써 내려갔고 『조선왕조실록』에만 수백 번이 넘게 거론될 정도로 허다한 사건들과 얽혔다.

대궐에 궁중음식이 있었듯 지방 관아에는 싱싱한 제철 재료로 만든 화려한 상차림이 있었다. 궁중까지의 거리감으로 임금의 눈치를 보지 않아도 되었기에 사치가 최고조에 달했던 관아의 음식은 한 상에 여든 개의 그릇이 차려질 만큼 거상이었다. 특히 남쪽 최고라 했던 진주 기생들이 교방의 연회준비와 함께 차려낸 진주 관아의 음식을 '교방음식'이라 했고, 빛깔과 맛이 아름답다 하여 '꽃상花盤'이라 불렀다. 꽃밭 한 상을 받는 듯 화려한 교방음식은 지리산과 남해 일대를 속현屬縣으로 거느렸던 진주 수령들의 통치수단이 되기도 했다.

"북北으로는 평양이요
남南으로는 진주라"

『조선왕조실록』은 "조선 인재의 절반은 영남에 있고 영남 인재의 반은 진주에 있다"[5] 했다. 비옥한 땅과 풍부한 물자로 거처하기 좋은 명당이요, 양반의 고장이던 진주는 영남 일대를 아우르는 큰 고을이었다. 산청, 거창, 함양, 고성, 남해, 의령 등 14개의 지역이 진주에 속했다.[6] 진주는 양반 문화와 부유함의 상징이었다. 우리나라 성씨의 본관이 경주 다음으로 많은 곳도 진주다. 고려시대에는 경상도를 '경상진주도'라 하였고, 사천만 바다를 '진주만'으로 불렀다. 조선시대에는 낙동강을 사이에 두고 경상도를 좌우로 나누었는데 육군을 총지휘하는 경상우도 병마절도영1603~1894에 이어 경상감영과 도청1896~1925이 진주에 있었다.
수많은 사대부를 배출한 이곳에는 그들이 소유한 노비도 많았고 양반의 삶과 극명히 대비되며 "북으로는 평양이요 남으로는 진주"라는 말을 남긴 기생이 유명했다. 노비들 중 관아에 속한 남자 노비를 '관노'라 했고 여자 노비를 '관비'라 하였으며 기생은 '관기'라 했다.
기생들은 진주성 밖 장터 근처에 모여 살았다. 나이는 열다섯 살에서 스무 살을 넘긴 소녀들이었다. 새벽이면 마을 뒷산에서 기생들의 목청을 틔우는 소리가 들렸다. 기생들은 양반과 관리들을 위해 구실을 살고, 궁중 잔치에 불려가 국역國役까지 졌다. 기생이 없으면 관아가 운영될 수 없을 만큼 기생의 존재감은 컸다.
중앙 관리들의 발걸음을 재촉했다는 진주 관아의 음식은 정자를 짓고 풍류를 즐기며 누정문화의 꽃을 피운 진주 양반들과 수많은 진주 기생들이 밀접한 관계를 맺으며 발달했던 고급 접대식이었다. 바다와 산이 만나 물산이 풍족했던 진주에서, 양반과 기생이라는 상반된 신분이 같이 창출해 낸 아트 푸드였다.

5) 『광해군일기』「중초본」 97권, 광해 7년 11월 12일.
6) 진주는 서부경남의 중심지였다. 하동, 고성, 함양, 거창, 웅천, 합천, 초계, 사천, 남해, 단성, 산청, 의령, 삼가, 곤양 등 웬만한 주변의 군현들이 진주목에 속했다.
7) 고을에 터를 내리고 사는 양반.
8) '많다'는 뜻의 경상도 방언.

첫 마당

진주 수령이 베푸는 접대식이자, 향반7)鄕班과 관속들에게 내리는 상이었고. 궁중잔치에 불려갔던 선상기選上妓들에 의해 궁중음식이 재현되었으며, 진주 사대부가의 음식문화가 섞이면서 다양한 차림으로 확대되었다.

임금의 수랏상에는 진상품의 유통과정에서 부패를 방지하기 위해 소금에 절인 염장이나 꿀에 담근 당장음식이 꽤 올랐지만, 진주에는 싱싱한 식재료가 '천지 볏가리8)'였다.

잔칫상이 차려지면 진주 기생은 남색 치마에 반회장 노란 저고리를 받쳐 입고 왼쪽 손을 땅을 짚어 곱게 절한다.

"다 잡수소!"

경상도 특유의 방언으로 인사를 올리면 나리들의 기름진 웃음이 입가에 번진다. 잔치의 시작이다. 나비꽃이 피고 소리꽃이 운다.

진주성 동문에서 바라본 촉석루의 야경

진주맛의 원형, 교방음식 문화의 발견

진주 관아에서는 다담상9)을 3냥으로 책정해 세금을 부과하였다.10) 매달 각 명목으로 11개의 큰 다담상을 들였다. 적어도 사흘에 한 번 이상은 만찬이 벌어진 셈이다. 1상에 7돈이었던 다식이나 유밀과, 정과, 술 등을 모두 합하면 관아의 잔칫상은 5냥이 훌쩍 넘는 돈이었다.

당시 진주에 설치된 역驛에 근무하는 하인 1명의 한 끼 반찬값이 2푼이었다. 한양의 밥값은 5푼이었다.11) 즉 진주의 다담상은 한양 백성의 백 일치 밥값을 상회하는 큰 금액이었다. 물건 대신 돈으로 내야 하는 백성의 세금이었다.

큰 다담상 외에도 설날 떡국상, 보름날의 약밥상, 동지 팥죽상은 작은 상으로 징수하였다. 술은 소주와 약주, 합주12), 청주, 죽력고 등 다양했다. 합주는 1잔에 2푼이고 소주는 1국자에 3돈이었다. 갈비 한 짝에 3돈이요 소고기 한 근이 8푼이었으니 술은 상대적으로 비싼 편이었다.

중박계
밀가루 1되, 참기름 1승, 꿀과 조청을 합한 청이 2승 中桂—百立 眞末—斗 眞油—升 淸二升
조선시대 최고의 유밀과였던 중박계는 진주 교방의 대표적 한과다. 17세기 국문조리서인 『주방문』과 비교하면 밀가루와 조청의 5:1 비율은 같으나, 진주교방에서는 참기름을 넉넉히 사용해 더 고소한 맛을 냈다.

---

9) 주안상으로 차려진 교자상.
10) 1832년을 중심으로 1871년과 1895년의 자료를 추가 편찬한 『진주읍지』, 369쪽. 을미년 정월일 진주목읍 사례.
11) 『조선시대 생활사3 의식주, 살아있는 조선의 풍경』, 한국고문서학회, 역사비평사, 2000년, 137쪽.
12) 찹쌀로 빚어 차게 마시는 여름 막걸리.

첫 마당

진주성 야경

평안감사 VS 진주병사

"서북인들은 기질이 사나우니,
 그들이 주요 관직에
 오르는 일이 없도록 하라."

함경도 출신 태조 이성계는 철저히 이북을 차별했다. 고향 사람들의 기질이 사나워, 자신과 같은 반역자가 또 나올까 염려했다. 이성계의 유훈은 조선왕조 500년 동안 이어져 이북 지방은 유배지의 상징인 삼수갑산이 되고 만다. 그래서 평안도의 감사15)는 누구의 눈치를 볼 일이 없었다. 향촌 어디에도 한 자리했던 사대부가 없는 곳이 평안도였다. "평안감사도 싫으면 그만"이라는 말까지 생길 정도로 권력을 독식할 수 있는 자리였다.

반면, 진주는 사정이 달랐다. 병마절도영은 원래 창원의 합포영이 임진왜란 때 왜구들에게 분탕되어 1603년에 진주성으로 이전되었다. 무관 수령인 병사16)가 진주의 행정일을 겸했다. 그러나 '문명의 고장인 진주를 무관이 다스리는 것이 부당하다' 하여 조정은 다시 행정을 맡아볼 문관을 파견하기도 했다. 토호土豪17)들의 모함으로 관직을 사임한 목사18)도 있었다. 애당초 조정에서는 진주의 토호세력을 견제하기 위해 남명 조식의 제자였던 이제신1536~1583을 목사로 지명하였으나 토호들은 목사의 병부19)를 감추어 놓고 수령을 골탕 먹여 스스로 사임하게 만들 정도로 위세를 부렸다.

이제신의 신도비문神道碑文은 이렇게 시작한다. 이제신이 사임한 후 10년째에 진주목사로 부임한 최립崔岦이 지었다.

단원 김홍도의 평안감사향연도
- 국립중앙박물관

15) 도청 소재지인 감영의 수령인 관찰사.
16) 각 도의 육군을 지휘한 종2품 무관인 병마절도사.
17) 지방에 오래 거주하면서 세력과 재력을 갖춘 이들.
18) 조선시대 지역명이 '주州'로 끝나는 약 20곳의 구획명을 '목牧'이라고 했고 그 수령을 '사使'라고 하였다. 진주목의 수령은 정3품 진주목사다.
19) 군사를 동원할 수 있는 나무패.

첫 마당

"진주라는 고을은, 땅이 넓고 산물이 풍부한데,
 호족들이 골칫거리가 되는 것이,
 울산보다 10배나 된다."

권력을 상징하는 하마비下馬碑가 눈에 띤다. "병사, 관찰사 이하는 여기서부터 말에서 내려 걸으라"는 표지석이다. 진주로 부임하는 수령은 향촌의 사대부들과 친분을 쌓는 것이 여러모로 이로웠다. 수령과 양반의 교류가 빈번했고 병영의 설치로 중앙관리들의 방문이 잦아지면서, 진주 교방음식은 꽃을 피우게 된다.

기생들은 따로 소속이 있지 않고, 그때그때 진주목 행정관아로, 군사 병영으로 불려 다녔다. 17세기에 편찬된 『진양지』, 18세기의 『여지도서』, 19세기 『진주읍지』 어디에도 기생의 수는 기록되어 있지 않다. 다만 1868년 논개를 기리는 의암별제에 참석한 기생이 300명이 넘었고, 1925년 조선경무국이 조사한 자료에는 전국의 조선인 기생 3,413명 중 경남이 1,139명으로 타 지역에 비해 압도적으로 많았다.[20]

20) <동아일보>, 1925년 8월 30일자.

이인좌의 난,
진주 사대부들의
중앙 진출이 막히다

"인삼은 전하께 독이 되오니 거두어 주옵소서!"

연잉군은 막무가내였다. 어의御醫들이 안절부절 읍소했지만 오히려 어의들을 꾸짖어가며 인삼부자탕을 연거푸 세 번이나 올렸다. 애당초 연잉군이 이복 형 경종임금께 간장게장과 감을 올린 것이 사달이었다. 게와 감은 서로 상극이다. 감의 타닌 성분이 게의 단백질 소화흡수를 방해해 소화장애를 일으킨다.

된장게장

'이인좌의 난' 이후, 진주에서는 한동안 간장게장을 금기시했다. 산 게를 된장에 박아 저장했고, 호사가들은 게장 항아리에 잘게 썬 소고기를 게의 먹이로 같이 넣었다가 게장을 담기도 했다.

> "임금이 밤에 가슴과 배가 비틀리듯이 아팠다.
> 다음날 여러 의관들이,
> '임금이 어제 게장을 드시고 이어 땡감을 드셨는데,
> 이는 의가醫家에서 꺼리는 것이라'."[21]

경종은 고열과 설사로 사경을 헤맸다. 그러나 연잉군은 어의들의 의견을 무시한 채 인삼부자탕을 고집했다. 의심을 받을 만도 했다. 장희빈의 아들 경종은 닷새 만에 승하하였고, 무수리 최씨가 낳은 연잉군이 왕위를 잇는다. 영조다.

> "경종 임금이 흉계에 의해 게장을 드시고
> 급히 서거하셨음을 통탄한다!"

벽서가 나붙기 시작했다. 이인좌, 정희량 등이 주도했다. 백정, 노비, 승려들까지 대거 가담했다. 그러나 이 미완의 혁명은 관군에 의해 제압되었고 반란을 지지했던 남명학파의 진주는 반역향으로 낙인이 찍힌다. 광해군을 임금으로 추대하여 정권을 잡았던 진주의 남명학파는 인조반정[22] 이후 실각했고, 이인좌의 난을 계기로 중앙 진출이 막혀 버린다. 조선 전기, 진주권의 문과 급제자 241명이 후기에 들어서는 144명으로 100명 가량 줄었다. 안동이 180명에서 446명으로 대폭 증가한 것과 대조적이다.[23] 이러한 역차별은 조선시대 내내 계속됐다.

이인좌의 난 이후 남명학파는 초토화됐다. 사건에 연루된 선비들은 처형되었고, 역모의 사실을 알고도 모른 척 한 이들까지 색출하여 처벌했다.[24] 살아남을 수 있는 방법은 집권세력과 타협하는 것이었다. 사대부 중 재력을 갖춘 자들은 아예 벼슬을 등진 채 풍류로 시간을 보냈다.[25] 집권세력의 표적에서 벗어나기 위한 방편이었다.

진주의 교방문화는 파란중첩의 역사를 배경으로 독특한 색채를 띠고 발달했다. 진주기생 앞에 의기義妓라는 명칭이 붙은 것도 남명학파 선비들과 교류한 결과였다. 논개로 상징되는 진주기생의 충절은 산홍이 이어받았다. 산홍은 구한말 을사오적 이지용에게 죽을 만큼 매질을 당하면서도 수청을 거부한 또 하나의 논개였다.

> "기생에게 쓸 돈이 있으면 나라를
> 위해 피 흘리는 젊은이들에게 줘라."[26]

전국적으로 일어났던 기생들의 삼일 만세도 진주기생이 선봉장이 되었다. 1919년 3월 19일 진주에서 처음 시작된 만세운동은 3월 29일 수원, 3월 31일 안성, 이어 4월 1일에는 해주기생들이 합류했고 4월 2일에는 통영으로 번졌다.

---

21) 『경종 수정실록』 5권, 경종 4년 8월 20일.
22) 인조반정은 1623년 3월 13일, 반정세력이 광해군을 폐위시키고 인조를 왕위에 앉힌 사건이다. 이 사건을 기점으로 남명학파는 실각했다.
23) 『진주시지』 상편, 647쪽.
24) 집권 노론이었던 홍대용의 『담원서』 내집 3권.
25) 이중환의 『택리지』에는 "진주는 흙이 기름진데다가 강과 산의 경치가 좋아 사대부들은 재력과 세력을 뽐내며 주택과 정자 짓기를 좋아하니, 비록 벼슬살이를 하지 않더라도 유한공자游閑公子라는 명칭을 갖고 있다"고 실렸다.
『택리지』는 이인좌의 난이 발발한 지 20여 년이 지나 편찬되었다.
26) 광무 10년 1906에 편찬된 황현의 『매천야록』에 나오는 내용이다.

'경상도 사나이'의
참뜻은 남명의 후학들

　　퇴계 이황1501~1570의 안동이 내적이고 보수적인 문화를 추구했다면, 남명 조식1501~1572의 진주는 진취적이고 실천적이었다. 영남학파의 양대 산맥인 남명과 퇴계는 같은 해에 태어나 전혀 다른 학문의 길을 걸었다. 나라에 큰 난리가 나자 성리학의 이론에만 빠진 사대부들은 피난길에 올랐지만 남명의 제자들은 분연히 일어나 나라를 구했다. 임진왜란 당시 영남 의병장 70여 명 중 45명이 남명의 문하에서 배출되었다. 가장 먼저였고 가장 많았다. 예부터 진주에서 통용되던 '경상도 사나이'는 본래 '불의에 목숨 걸고 항거했던 남명의 후학'들을 이르던 것이다. 남명은 평생 관직에 나가지 않았다. 1555년 11월 19일, 조정을 발칵 뒤집어 놓은 진주 선비의 상소 한 장이 올라온다. 단성 현감에 임명된 남명이 관직을 사양하면서 올린 그 유명한 '단성소丹城疏'다.

제자를 가르치는 남명
- 남명기념관 전시

"자전紫殿27)께서 생각이 깊으시다 해도 깊숙한 궁중의
한 과부에 지나지 않고, 전하께서는 선왕의 고아일 뿐입니다.
천 가지, 백가지나 되는 천재天災, 억만 갈래의 인심을
무엇으로 감당하고 무엇으로 수습하시렵니까?"

명종은 대노했다. 다행히 대신들이 상소에 담긴 남명의 우국충정을 변호함으로써 파문은 가라앉았다.
임진왜란이 발발하기 수십 년 전부터 해안가에는 왜구들이 침범해 백성들을 괴롭히고 있었다.
남명은 제자들에게 의서, 병법, 천문지리를 가르치며 힘을 기를 것을 강조했다.

남명 조식의 초상

"책은 필요 없다, 현실을
바라보고 몸소 실천해라!"

그러나 성리학의 원론이 주류를 이루던 당시, 남명의 가르침은 잡학으로 분류되어 이단으로 치부되고 만다. 역사의 큰 오점이었다.

2018년 대한민국 경영학회는 진주를 '기업가 정신의 수도'로 선포했다. 진주목에서 LG, GS 뿐 아니라 삼성, 효성 등 대한민국 경제를 이끄는 기업인들이 탄생했다. 진주 출신 기업가 정신은 진주의 선비정신이고 그 정점에는 경의敬義를 학문의 핵심으로 삼은 남명이 있다. 경敬은 스스로를 단속하는 힘이고 의義는 실천에 옮기는 힘이다.

조선시대 성균관 유생들은 그릇된 정책이나 부조리한 사회문제 등에 대해 상소를 올려 바로잡으려 애썼다. 상소의 주장이 받아들여지지 않으면 수업을 거부하는 집단행동에 나서기도 했다. 성균관을 나와 집으로 돌아가거나 '공관空館', 수업시간에 눈 뜬 맹인 행세를 하기도 했고 '청맹靑盲', 곡소리를 내며 대궐까지 걸어가며 '호곡號哭'으로 맞섰다.

27) 조선 11대 왕인 중종의 계비이자 명종의 어머니인 문정왕후를 가리킨다.

"이 걸이 저 걸이 갓 걸이, 진주 망건 또 망건"

비변사 문서
1862년 2월 29일 경상우병사 백낙신이 올린 진주민란에 대한 장계에 대하여 국왕의 전교를 받아 경상우병영에 내린 관문. 백낙신은 1861년 경상우도 병마절도사로 부임하여 국고금을 횡령하고 백성들을 갈취함으로써 진주민란을 유발하여 후일 유배형에 처해졌다.
- 국사편찬위원회

진주성에 병영이 설치되자 백성들에게는 엄청난 세금이 가중되었다. 군관들의 접대에 허리가 휘어진 백성들이 병영 폐지를 요구하고 나섰지만 턱도 없는 소리였다.[28] 조선 말기에는 삼정[29]의 문란으로 수령과 아전, 돈으로 신분을 샀던 가짜 양반들이 한 통속이 되어 수탈이 극에 달했다. 농민들은 분노하고 저항했다. 수령은 세금 수탈로 임기를 시작했다. 부임 전, 임금께 하직 인사를 올리러 가면 대전별감에게 통과료를 내야만 대궐문을 들어설 수 있었다. 궐내행하 闕內行下 행장을 꾸려 부임지로 가는데 드는 돈도 수백 냥이다. 수령은 제반 비용을 부임지의 아전에게 미리 통지하여 백성의 세금으로 마련했다.[30] 보리는 백성의 목숨을 연장시킨 귀한 곡물이었다. 한 해 두 번 추수하는 것은 보리뿐이었다. 보리 수레를 내리는 날에는 큰 사발 가득 밥을 먹고 높은 베개를 베고 누우니 부황 들어 죽은 사람을 묻거나 자식을 노비로 파는 걱정은 없어도 좋았다.

유난히 흉년이 잦았던 구한말. 가장 극심한 피해를 입은 영남은 처참했다. 백성들을 구제할 진주성 보급창고 사창 司倉는 수령들의 횡령으로 텅텅 비어 있었다. 1862년 2월 18일. 진주 객사 진양관 앞 장터에 수만의 농민이 모였다. 진주에서 무슨 일이 있었던 걸까. 진주목사 홍병원과 병사 백낙신은 죽은 사람에서부터 갓난아이에게까지 군역의 의무를 물어 세금을 바치게 했다. 관가에 찾아가 항의라도 할라 치면 아전이 큼직한 인장이 찍힌 관가의 전령문을 들고 나와 납세를 독촉하고 전 재산인 소를 끌고 가며 패악질을 했다. 관리에게 사정하던 촌로가 술 팔고 닭 잡아 대접해도 소용이 없었다. 관아의 호랑이가 솥단지를 뒤지고 대바구니를 열어본다. 몇 개 남은 말린 고기조차 빼앗았다.

당시 진주 목사 홍병원이 착복한 환곡[31]은 민가에서 걷어 들인 쌀 4만 석 중 3만 석이나 되었고, 병사 백낙신은 조세미의 60%를 떼어먹었으며 부족한 부분은 다시 세금을 부가해 백성의 피로 메웠다. 농민들은 감영을 거쳐 한양의 비변사[32]까지 관리들의 만행을 고했지만 조정은 받아들이지 않았고, 이는 저항의 거대한 횃불이 되어 그해 전국적으로 71건의 봉기가 일어났다. 진주가 시작이었다.

진주 전래민요인 "이 걸이 저 걸이 갓 걸이"는 농민이 양반의 필요에 따라 옷이나 갓을 아무렇게나 걸어두는 옷걸이에 불과하며 "진주 망건 또 망건"은 돈으로 신분을 샀던 가짜 양반이 많고도 많다는 뜻이다. "머구밭에 덕서리"는 흔하고 자생력이 강한 머구풀을 농민에 비유한 것이고 덕서리는 세금이 덕지덕지 붙는다는 뜻이다. 진주농민항쟁을 이끈 몰락한 양반 유계춘 1815~1862이 지었다. 그는 남명의 제자인 유종지의 9대손이었다.

---

28) 『인조실록』, 인조4년 8월 18일.
29) 나라의 정사 가운데 가장 중요한 토지세인 전정 田政, 군역을 부과하는 군정 軍政, 양곡의 대여 및 환수를 이르는 환곡 還穀이다.
30) 하급 관리나 아전들은 급여가 없었다. 어느 정도 수탈은 국가에서도 눈 감아 줄 수밖에 없었다.
31) 식량이 모자라는 봄에 관청에서 곡식을 빌려준 뒤 가을걷이 후에 이자를 붙여 갚도록 한 제도다. 가난한 백성들을 구제하기 위해 실시했으나 조선 후기에는 오히려 백성들을 가장 괴롭히는 제도였다.
32) 국정 전반을 총괄한 실질적인 최고의 관청.

첫 마당

당근 메밀말이

진주 형평운동,
백정들이 만든 서울 설렁탕

설렁탕

진주농민항쟁은 전국적으로 일어났던 동학의 불씨로 번졌고 백정들이 신분차별에 저항했던 진주 형평사운동을 예고했다. 백정들은 옥봉 씨앗고개, 서장대 밖 나불천 주변에 모여 살았다. 백정에겐 망건도, 비녀도, 명주옷도, 가죽신도 금지되었다. 고기를 팔러 나온 백정 아낙이 두들겨 맞는 일도 다반사였다.[33] 백정들은 교회에서도 차별받았다. 백정들이 옥봉리 교회로 들어서자 "내사 백정하고는 같이 천국 안 갈끼라"며 교인들이 뛰쳐나간 사건이다.

1894년, 갑오개혁으로 신분제도가 무너지면서 백정들은 부를 축적할 수 있었다. 진주에 상설시장이 들어서자 정육점과 식당을 차려 영업하는 자들이 늘어났다. 몰락한 양반이 백정에게 돈을 융통하는 일마저 있었다.[34] 부자 백정들은 일본 메이지대학으로 유학을 떠났고, 자식을 교육시키기 위해 학교에 적지 않은 기부금을 냈다. 그러나 신분상의 이유로 입학이 허가되지 않자, 진주의 천석꾼 강상호1887~1957가 백정의 자식을 양자로 들여 기어이 입학시키고야 만다. 진주에서는 소고기 불매운동까지 벌어지며 극렬한 반대에 부딪쳤지만, '저울처럼 공평한 형평의 세상'은 조금씩 열리기 시작했다. 진주형평사운동은 들불처럼 퍼져나가 전국 약 8,000명의 백정이 모인 사회단체로 확대되어 서울에 본부를 두다. 형평사 조직을 만든 진주 백정들은 서울로 진출하기도 했다. 형평사 본부 부의장이었던 원영기 같은 이가 대표적이다.[35]

푸줏간 한편에서 설렁탕을 끓였다. 설렁탕 맛에 너도나도 혹했다. 값도 저렴하여 누구나 부담 없이 먹을 수 있었다. 백정만큼이나 천인

형평사
제6회 전선정기대회 포스터

이었던 토기장이들이 만든 투박한 질그릇에 담긴 뜨끈한 설렁탕은 서울의 대표적인 배달음식으로 부상했다. 진주에는 오래 전부터 백정들이 끓인 우탕牛湯이 있었다. 소를 도축하여 고기와 가죽은 관아나 반가班家에 바치고, 부속물은 따로 모아 되는대로 탕을 끓였다. 딱히 이름도 없어 그냥 '우탕'이라 불렀다. 진주 우탕은 시장비빔밥과 함께 고단한 서민들을 위한 감사한 한 끼였다.

조선의 신분차별은 백정뿐 아니었다. 평민은 의식주 모두 조정이 정한 선을 넘으면 죄가 되었다. 조선의 마지막 법령인『대전회통大典會通』에 따르면, 혼인이나 제사 외에 유밀과를 사용한 자는 장 육십 도를 맞았고, 잔칫상을 장식하는 가화假花를 금지나 은지로 만들면 장 팔십 도를 맞았다. 옻칠한 그릇을 소지한 자, 은기나 백자기를 사용한 자도 잡아들였고 화석 돗자리를 깔아도 죄인이었다. 심지어 3인 이상 안주를 갖춰놓고 술을 마셔도 안 되었다. 삼삼오오 모여 안주를 갖춰 술을 마시는 것은 사대부들만 할 수 있는 고상한 놀이였다.

---

33)『형평운동-진주문화를 찾아서3』, 김중섭, 지식산업사, 2001년, 32쪽.
34) 위의 책, 46쪽.
35)『동아일보』, '김두한 육성증언', 2002년 10월 9일자.

옛 지도를 따라 진주성을 걷다

선학산 말티고개를 넘는다. 소나무 울창하고 대나무 가득한 진주가 보인다. 멀리 병영이 있고 남강이 가로질러 흐르며 성벽 주위로 회칠한 민가들이 붙어있다. 집집마다 밥 짓는 연기 사이로 누각 하나가 우뚝 솟았다. 촉석루다. 겹겹의 오랜 나무가 선비들이 활쏘기를 연마하는 향사당의 정자를 덮고, 정자 북쪽으로는 빽빽한 연꽃이 바람을 받는다. 병영은 진주성 안에 있고 행정관청인 진주목의 관아는 성 밖이다. 제일 높은 관직은 병마절도사인 병사兵使였다. 목사는 문관, 조상 덕에 벼슬하는 음관蔭官이었고 고을의 명망 있는 자들에게 좌수와 별감직을 내려 목사를 견제하기도, 보좌하기도 했다.

진주성 경상우병영은 목아牧衙에 비해 다섯 배 정도나 규모가 컸다. 병사 소속의 관속만 3천 명이 넘었다.[36] 진주성에는 병사가 근무하는 '관덕당'이 있었고 별당인 '공진당'이 있었으며 부사령관 우후虞侯의 근무처인 '중영' 등 수많은 기관들과 창고가 있었다.

병사의 행차는 장관이었다. "납신다!" 하면 100명의 취타수가 태평소와 나발을 불고 북과 징, 대포소리가 하늘을 찌른다. 200명의 기수군이 깃발을 들고 호위하며 삼반관속[37]이 일제히 땅에 엎드려 절한다. 수령이 속현을 둘러보는 순력巡歷이다. 이 순력이야말로 조선시대의 병폐 중 하나였다.

수백 명의 행렬은 말할 것도 없거니와 환영 인파가 수백이요 길옆에 서서 구경하며 탄식하고 부러워하는 자들이 수천 명에 이른다. 수령의 호위병들은 울긋불긋한 몽둥이를 들고 군중을 위협했고, 사정을 하소연하러 달려드는 백성에겐 채찍질을 했다. 가는 곳마다 화포火砲를 터뜨려 백성들을 놀라게 하는가 하면 다담상의 음식 중 하나라도 간이 맞지 않거나 식은 것이 있으면 곤장을 쳤다.[38]

36) 『여지도서』, 허권수 역.
37) 지방 관아 소속의 하급 관리들.
38) 『목민심서』, 예전 제2조 빈객, 다산연구회.

첫 마당

18세기 후반 제작된 진주성도 진주 외성과 북쪽으로 객사와 봉명루, 대사지, 진영 등 지금은 사라진 건물들을 확인할 수 있다.
- 국립중앙박물관

진주성 전투,
호남곡창과
이순신의 해군을 지키다

첫 마당

진주성 공북문은 진주성의
실질적인 정문이자 주 출입문이다.
2002년 현재 모습으로 복원되었다.

진주성은 남서南西로는 강과 절벽이 방어했고, 북으로는 해자垓字[39]로 둘러 천혜의 요새이나 동쪽 경사가 낮은 것이 흠이었다. 1593 계사년. 그 해는 지루히도 길고 억센 비가 내려 동쪽 마을이 범람했다. 성벽도 무너졌다. 무너진 성벽을 타고 무려 10만 명의 왜적들이 다시 쳐들어왔다. 임진왜란의 3대 대첩인 1차 진주성 전투에서 대패한 왜적들이 작정하고 덤빈 혈전이었다. 2차 진주성 전투다.

거대 병력이 진격한다는 소문이 돌자 성내의 백성들은 두려움에 떨었다. 사방이 포위된 진주성을 직접 눈으로 확인한 관군과 명나라 군대는 구조를 포기하고 돌아갔다. 홀로 고립된 진주성에는 죽음의 망령들이 너울대고 있었다. 장맛비를 베옷처럼 덮은 시신들이 진주성을 메웠다. 2차 진주성 전투는 피난 온 백성들까지 7만 명에 이르는 조선인이 무참히 학살된 16세기 동북아 최대의 전쟁이었다. 그러나 열흘간 이어진 격전으로 진이 빠진 왜적들은 더 이상 진격하지 못 했고, 진주성 전투는 호남곡창과 이순신의 해군을 지켰다.

<북관유적도첩>
- 고려대학교 박물관

39) 적의 침입을 막기 위해
성 둘레에 조성한 연못.

추로주秋露酒와 전복, 진주의 주안상

"자네가 오니, 이렇게 기쁠 수가 없네."
　　　　진주 병사 홍화보는 사위 정약용을 반가이 맞는다.
비장裨將[40]들을 불러 분부하기를 "내일 촉석루에서 크게 잔치를 열 것이다"했다.

"아무개 너는 음식 장만을 담당하여라.
　술이 향기롭지 않거나 회가 맛이 없으면 너에게 벌을 내릴 것이다."
"아무개 너는 음악 연주를 담당하여라.
　노래 소리와 곡조가 화평하고 부드럽지 않거나 슬프고
　음이 낮거나 연주가 급박하면 너에게 벌을 내릴 것이다."
"아무개 너는 곱게 단장한 기생들을 담당하여라.
　무릇 포구락抛毬樂과 처용무處容舞 등이 음률대로 되지 않으면
　너에게 벌을 내릴 것이다."[41]

전복김치

그랬다. 때로는 소문난 잔치가 그곳에 있었다. 영화와 치욕을 두루 포용한 촉석루는 장수가 올라 명령하던 군사지휘본부였으나 태평성대에는 진주의 교방문화가 절정을 달했던 곳이다. 맺고, 풀고, 어르는 춤사위가 성대한 잔칫상 너머로 물결처럼 흐른다. 웅장한 누각에 올라 강바람을 맞대면 풍경은 그림이 되고 시간은 역사가 된다.

가을에는 선비들이 남강 저편 대나무밭의 새벽이슬을 받아 추로주를 담갔다. 쌉싸름하면서도 맑은 맛이 나는 추로주는, 대나무에 맺힌 이슬이 정신을 들게 만든다 하여 선비의 술이라고도 했다. 추로주에는 전복김치를 곁들인다. 싱싱한 전복에 유자껍질과 배를 채 썰어 넣는다. 전복의 쫄깃한 식감과 배, 유자의 향긋함이 어우러진 남도의 김치다.

전복은 17세기 광해군기에 편찬된 『진양지』를 비롯해 19세기 경상 관찰사 김세호가 쓴 『교남지』에 이르기까지 진주의 특산품으로 꾸준히 이름을 올렸다. 조선 말 진주에서 전복은 큰 것 10개인 1곶이에 6돈으로 갈비 2짝 값이었다. 양반의 음식이었다.

사신과 관료들이 묵어가던 평안동 객사 서편에 진주 교방 '백화원百花院'이 있다. 교방은 큰 고을에만 설치됐고 진주처럼 규모가 큰 곳은 기생을 꽃이나 봄에 비유하여 백화원, 장춘원藏春院, 어화원語花院과 같은 별칭이 붙었다. 기생 전용 공간도 별도로 마련되었다.[42]

광제산 봉수대에서 들어 올린 불기둥을 망진산이 이어받으면 네 시간 후 한양의 목멱산[43]에 이른다. 횃불이 두 번 오르는 것은 재난이요 한 번이면 안심이니
어제도 오늘도 태평성대다. 성문이 닫히고 고단한 백성들이 안심하며 잠든다.

전복초

---
40) 병사를 보좌하던 무관 벼슬.
41) 『여유당전서』 신조선사본 제1집 제13권 시문집 서, 한국인문고전연구소, 성창훈 외 4인.
42) 『천민 예인의 삶과 예술의 궤적』 국사편찬위원회, 2007, 32쪽.
43) 현재의 남산을 말한다.

진주 수령의 초조반, 약선죽을 올리다

치자를 넣어 색을 낸
연자죽

월아산 깊은 질마재에서 피기 시작한 해가 남강을 병풍처럼 두른 뒤벼리, 동쪽 새벼리 절벽까지 온통 첫 빛으로 물들인다. 진주성은 새벽부터 분주하다. 병사의 처소인 내아에서 요령[44] 소리가 들린다. 수령이 일어났다는 신호다. 초조반 죽상이 올려 진다. 보양식인 소고기죽, 수령의 답답한 속을 풀어주는 연자죽도 있었다. 연자죽은 연꽃 열매를 가루 내어 찹쌀가루와 산약, 백복령을 섞는다. 위장을 열어주고 담을 없애 가슴을 청량하게 하는 약선죽이다. 대나무 열매인 죽실가루에 밤가루, 감가루를 넣은 죽실죽은 진주의 별미였다. 지리산 산수유, 계피 등을 달인 팔미차八味茶와 같이 올린다. 죽실은 찰기가 있어 진주 사람들은 가루를 내어 면을 만들기도 했다. 죽실이 많이 열릴 때는 수만 섬이나 되었다.[45]

수령은 일찍 객사로 나가 임금의 패牌 앞에 향을 피우고 네 번 절하며 예를 올린다. '망궐례望闕禮'다. 직접 궁궐에 나아가서 왕을 배알하지 못해 멀리서 궁궐을 바라보며 예를 올린다. 객사는 왕권의 상징이었다. 임금이 계시던 한양까지의 거리가 객사로부터 측정되었다. '진주라 천리 길'의 출발점은 객사였다.

수령이 백성들의 생사를 좌우했으니 관속들은 첫 밥상에 최대한 성의를 보였다. 사실 지방관들의 음식 낭비는 제재 대상이었다. 수령의 일상식은 아침과 저녁 두 끼였고 밥, 국, 김치, 장을 제외하고 네 가지 반찬이면 족하다 했다. 그러나 조선후기 수령들은 크고 작은 두 개의 밥상에 백홍반흰밥, 팥물 밥 두 가지를 따로 차려 수륙진미를 갖추어 놓고는 밥상이 이 정도는 되어야 체모가 선다고 여겼다.[46]

밥과 면 각 한 그릇 餠麵各一器
고기와 채소로 끓인 탕과 찌개 등 국물음식 세 그릇 其羹三鋪
삶은 고기, 구운 고기, 생선회 각 한 접시 熟肉一楪 燒肉一楪 魚膾一楪
채소, 어육 등 각 두 접시 菜二楪 魚肉二楪
과일 두 접시, 포 한 접시 果二楪 脯鱐一楪
쌀가루 음식 한 접시를 차리고 糯粉之食一楪
술은 한 잔만 올린다. 酒一盞[47]

44) 놋쇠로 만든 종.
45) 진주선비 이수안(1859~1929) <매당집> 3권 1917년.
46) 『목민심서』, 부임 제5조 절용, 다산연구회.
47) 처음 부임한 수령의 첫 번째 진찬. 『목민심서』, 부임 제5조 상관, 다산연구회.

관아
반빗간을 열다

　　관아에 딸린 주방은 반빗간관주 官廚이라 하였다. 거들먹대며 호령하는 구실아치 주리主吏의 허세 속으로 바지를 허리춤까지 걷어 올린 조리장 도자刀子의 인상 쓴 얼굴이, 고깃간을 지키는 포노脯奴의 수건 동인 맨상투가 분주한 시간을 넘나든다. 원두한園頭干은 밭에 참외나 오이를 심어 채소를 공급하느라 빚을 지고 힘이 들긴 했으나 1년이 지나면 창고지기를 겸했다.

관주에서 나간 밥상과 물품은 '관청하기官廳下記'에 문서로 기록하는 것이 원칙이었으나, 반빗간의 장부만은 자세히 살피지 않고 지나치는 것이 미덕이었다. 반빗간의 재정은 백성들이나 관속들에게 쓰여 지기도 했고, 공사의 손님 접대에 사용되는 유연한 부분이니 만큼, 지나친 간섭은 하급자들의 재량권을 침해하는 일이었다. 그러나 이를 틈타 창고지기가 농간을 부려 한 밑천을 챙기기도 했고, 물품을 구입하는 수노首奴가 관청을 빙자하여 헐값으로 빼앗는 일도 있었다.

단원 김홍도의
<행려풍속도> 중
'후원유연'
- 국립중앙박물관

찬을 만드는 노기老妓, 밥을 짓는 반빗아치, 물 긷는 급수비에게도 과분히 내려앉는 햇살. 무자이라고도 불렸던 급수비는 가장 불쌍한 관비였다. 인물이 없어 관기로 뽑힐 가능성도 없었고 겨울에는 삼베옷을, 여름에는 무명옷을 입고, 머리는 쑥대같이 하여 밤에는 물 긷고 새벽에는 밥 짓느라 쉴 새 없이 고생을 했다. 관주는 고함소리로 온통 소란스럽다. "쌀 어딨노, 소금은 어데 두었노, 있다, 없다, 적다, 늦다, 안 가져온다!" 하루에도 열 번씩 고함쳐 묻고 아뢰면 윗선에 보고하느라 또 고성을 지른다.[48]

『진양지』에는 관노비들을 인人, 명名이 아닌 '구口'로 표시하고 있다. '구'는 짐승의 수효를 셀 때 쓰는 접미사다. 밥상도 없이 바가지에 국밥을 담아 먹는 신분이 '구'였고, 국조차 끓일 처지가 못 되는 '구'들은 물과 밥뿐이었다.

삼색정과

48) 『목민심서』, 이전 제2조 어중, 다산연구회.

아름다움에 반하고
맛에 취하다

"영문營門에서 저녁식사를 성대히
 장만하였고 송절과 월매가 석반을 차렸다."
"아침, 점심, 저녁 모두 기생의 처소에서
 산해진미를 마련해 오고 군교, 관노,
 사령들이 번갈아 가며 문안을 하는구나."[49]

진주성에는 관리들의 방문이 잦았다. 중앙에서 내려오는 관리들의 입맛에 맞춘 교방음식은 맵고 짜지 않은 서울풍이 가미되었고, 소고기가 흔해 돼지고기를 쓰지 않는 것이 특징이다. 땔감이 풍족하여 찜이나 절임 음식 외에도 각종 구이나 볶음, 고음, 탕 등이 고르게 발달했다. 잘게 다지고 곱게 썰어 먹기 좋게 만든다. 예쁘게 담아내 눈으로 먼저 먹고 입으로 한 번 더 먹는다. 아름다움에 반하고 맛에 취한다. 객사로 걸어가던 빈객은 북과 피리 소리를 듣는다.

"이 소리는 어디서 나는 것이냐?"
"교방에서 춤을 익히며 곡조에 박자를 맞추는 것입니다."

백화원의 문을 열자 열 세 명의 어린 기생이 춤추는 대열을 펼치다가 움찔하여 모두 춤을 그친다.[50] 아내와 떨어져 지내야 했던 수령과 관기는 비공식적으로 용인된 관계였다. 아전이나 관속들은 언제 적이 되어 등 뒤에 비수를 꽂을지 알 수 없는 존재들이었고, 타지에서 외로움을 견뎌야 하는 수령은 세탁, 간병 등 일상에서 기생들의 손을 빌렸다.

49) 『함안총쇄록』 진주 방문기, 허권수 역.
50) 위의 책.

신선의 주방에서
차려낸 진주교방 꽃상

오색칠절판

어속치漁束峙 고개는 높고 험해 눈이 오면 얼음고개가 됐다. 가마꾼들은 비틀거렸고 누구 하나 미끄러지면 모두가 해를 입었으므로 손발로 엉금엉금 기어서 넘는 고개였다. 어속치를 넘으면 소촌역이다. 소촌역은 진주, 거제, 진해, 고성, 사천, 남해, 하동 등 주변의 15개역을 관리하던 큰 규모의 역驛이었다. 1895년 갑오개혁으로 전국의 역제도가 폐지될 때까지 종6품 벼슬인 찰방察訪이 관리했고 아전 120명과 노비 38명 등 수백 명이 소속되어 있었다.

전복초

함안 군수 오횡묵吳宖默은 토진兎津에서 배를 타고 진주성에 다다른다. 경상우병영은 14개 속현의 군사체계를 관할하는 기관으로 군력이 막강했다. 설날이면 속현의 수령들은 나이를 불문하고 젊은 병사에게 세배를 드리고 문안했다. 1890년 1월, 진주성 병영에서는 큰 상이 차려졌지만, 박규희1840~? 병사는 오히려 민망해 한다.

"주방에 명하여 찬을 더 내오도록 하겠습니다."

빈객은 극구 사양한다. 상다리가 부러지게 차린 밥상을 앞에 두고도 "차린 것이 변변치 않다"고 하는 것은 유교의 필수 예절이다. 조선의 임금들이 중국 사신을 접대할 때 절을 하는 것도 '공식대부례公式大夫禮'[51]의 예법에 맞춘 것이다. 아침상은 더 성대했다. 정원의 꽃을 따 씹듯, 눈앞에는 만찬이다. 영남에 온 뒤로 처음 맛보는 음식맛에 빈객은 기쁨을 감추지 못 한다.

머나먼 타향 음식 짜고 시어 입에 안 맞아 鹹酸不適客天涯
닭, 돼지, 술, 면을 잇달아 내고 鷄猪酒麵逢着
생선, 과일, 차들이 성대히 나오더라도 魚果臛茶半爽差
몇 번이고 서울 음식 그리워했네 幾度洛陽思飲水
산사를 다니다 찐 모래 밥 비웃을 때 참으로 많았건만 多從山寺笑蒸沙
이번 행차 좋은 끼니 신선의 주방에서 내어준 것 같네 今行好頓仙廚供
입 안 가득 향내는 꽃을 씹는 것보다 더 나아라[52] 香頓津津勝嚼花

51) 『의례』의 내용 중 공公이 대부를 접대하는 예.
52) 『함안총쇄록』, 「진주방문기」, 허권수 역.

양반과 기생이 남긴 풍류
진주교방꽃상

아름다움에 반하고
맛에 취하다

둘째 마당

본디 기생이라 하는 것은

유과를 만들고, 미찬美饌을 차리며, 허드렛일을 도맡다
『교방절목敎坊節目』에 그려진 기생의 삶

본디 기생이라 하는 것은
유과를 만들고, 미찬美饌을 차리며, 허드렛일을 도맡다
『교방절목敎坊節目』에 그려진 기생의 삶

조선시대 관노비안
행수기생 금심, 매향, 그리고 선옥은
탈이 났다고 적혀 있다.
- 충남역사박물관

"쇤네 비록 미천한 기생이오나 이제는 솥단지 하나 들
기력도 없사온데 물 속을 들라한들 거역하리까,
불 속을 뛰라한들 거역하리까. 죽이시든 살리시든
처분대로 하려니와 늙고 병든 몸이 품은 뜻,
한 말씀에 아뢰옵고 곤장 아래 죽으리다."

　　　　늙은 기녀의 애절한 외침이 동헌[1]을 울렸다. 나이든 노기들을 부당하게 부려먹고 고통스러운 상황으로 몰아넣은 관료들에게 자신의 처지를 적극적으로 알리며 읍소한 것이다. 규장각에 소장된 조선 후기, 평안도 강계부의 교방 운영 기록서인『교방절목敎坊節目』원문에는 당시 기생들의 애환과 삶이 선명히 그려져 있다.

"요즘 기생들의 수가 적다는 이유로 매번 대빈 행차 시,
신구 수령이 오갈 때, 이웃 고을 수령이 왕래할 때마다 하인들이
해야 할 음식접대, 유과 만들기, 심부름 등 모두 노기들을 부려먹는다.
다비茶婢로 데려가기도 하고 품삯을 거두기도 하며 연로하여 죽을 지경에
이르러도 너그럽게 보아주지 아니하고 책임을 추궁하니(중략)"[2]

나이 들어 역役을 내려놓은, 자색 빛바랜 노기들에게 반빗간의 일을 시키며 착취를 일삼았던 기록이다. 기생을 주탕비酒湯婢라고도 불렀다. 술국을 끓이는 노비라는 뜻이다.

1) 수령의 집무실.
2) 박영민,『19세기 지방관아의 교방정책과 관기의 경제현실』,
　'강계부江界府의『교방절목』을 중심으로', 2009, 15쪽.

춘향도 8폭 병풍 중
<점고 받는 기생들>
- 국립민속박물관

"쌀 한 줌,
돈 한 푼을 뉘라서 줄런가"

       교방청을 운영하기 위해 따로 관둔전官屯田[3]을 두거나 예산을 편성해 경비를 마련했으나 기생들의 급여 수준은 참담했다. 행수 기생보다 높은 교방의 고문격인 도상都上이 1냥 1전 6푼 5리의 월급을 받았다.[4] 조선후기 서울 노동자의 하루 임금이 25푼이었으니, 1냥이란 며칠 생활비밖에 되지 않았다.[5]

조선 후기 문신인 이운영1722~1794은 「순창가」를 통해 기생들의 고달프고 참담한 생활상을 폭로한다. 순창의 하급 관리 최유재가 원님들을 모시고 기생 놀음을 갔다가 한눈을 파는 바람에 그만 말에서 떨어져 거의 죽게 되었다. 최씨는 자기가 낙상한 원인이 한눈을 팔게 만든 기생들 탓이라며 고발을 했고 기생들은 수령에게 자기들의 불쌍한 신세를 하소연한다.

기생이라 하는 것은 가련한 인생이라.
전답 노비가 어디 있사오며, 쌀 한 줌 돈 한 푼을 뉘라서 줄런가.
먹삽고 입삽기를 제 벌어 하옵는데, 교방 가무 연습 오일마다 대령하고,
세누비 쌍침질과 설면자 솜 펴기, 관가 분부 맡아 와서 주야로 고초옵고. (중략)
한 벌 의복이나 뒤지지 않으려고, 큰머리 노리개를 남만치나 하노라니. (하략)

혜원 신윤복의 <여속도첩> 중
'전모를 쓴 여인'
- 국립중앙박물관

기생의 신분은 종모법에 의해 정해졌으니 피할 수 없는 숙명이었다. 아비의 신분이 높다 할지라도 어미가 천민이면 자식은 노비가 되어야 했다. 관기는 주로 관비 중 재색을 갖춘 여아들이 뽑혔다. 집이 가난하거나 어려서 고아가 된 아이들이었다. 몰락한 양반가의 딸들도 있었다.

관기를 첩으로 삼는 양반들이 늘어나 무수한 사회적 문제를 일으키자 관기 제도의 폐지가 자주 논의되었지만, 1908년 침선비들을 궁궐에서 내보내기까지 관기제도는 존속됐다.

강력한 중앙집권제였던 이 나라 조선은 1할의 인구에 불과한 극소수 양반들이 5할을 넘나드는 노비를 부렸다. 양반이 소유한 사노비들이 무려 1천 명을 넘는 경우도 드물지 않았다. 노비가 사는 처소가 한 마을을 이루는 가문도 있었고 고산 윤선도 1587~1671는 부모로부터 660구가 넘는 노비를 상속받아 2,300마지기의 광활한 농지를 경작했다. 양반은 득세했고 노비 위에 군림했으며 조정은 지지했다. 노비는 양반뿐 아니라 궁중이나 지방 관아에도 절대적으로 필요한 천민으로서, 노비 중에서도 낮은 처우를 받아야 했던 천민 신분이 바로 관기였다.

그러나 관기는 하루아침에 될 수 없었다. 관기가 되기 위하여 가무와 시화를 익히는 과정 또한 삼엄했다. 잘못하면 회초리를 맞았고, 부족하면 보충수업으로 기예를 완성해야 했다. 관기는 국가의 대소사에서 여악을 담당할 예인을 양성하는 국가의 정책이었고 국가에 속한 공인이었다. 음행을 하다 걸리면 속공屬公[6]하여 관기로 삼는 일도 있었다. 이는 분명 성문법이 아니었지만 수령들은 법을 무시한 채 속공하기도, 심지어는 기생들에게 동네에서 몰래 간통한 여자를 밀고하도록 하여 강제로 속공시키기도 했다. 임기를 마친 수령들이 예쁜 관기를 데려가는 바람에 기적妓籍에 오른 관기의 숫자가 날로 줄어들어 이를 채워야 했기 때문이다.[7]

3) 관아의 운영자금을 위해 개간한 논밭.
4) 같은 논문, 15쪽.
5) 박혜숙, 「18~19세기 문헌에 보이는 화폐단위 번역의 문제」, 『민족문학사 연구 38호』, 2008, 203~233쪽.
6) 관청의 노비로 삼음.
7) 『목민심서』, 형전 제5조 금폭, 다산연구회.

진주 기妓
논개를 만나다

매년 5월이면 의기 논개를 기리는
논개제가 진주성에서 열린다.
논개가 왜장을 안고 의암에서 몸을 던지는
뮤지컬 <의기 논개>의 한 장면
- 극단 현장 사진 제공

나리들이 남강에 투신했다는 소문은 사실이었다. 진주는 아비규환이었다. 산 자와 죽은 자가 맞대어 통곡했다. 교방은 폐허가 되었고 반쯤이나 타버린 악기들이 처연하게 나뒹굴었다. 논개는 매일 소리 죽여 울었다. 한 사람의 왜적이라도 죽일 수 있다면, 나 하나는 비수 되어 적의 심장에 꽂히리라. 논개의 결심은 비장했다.

얼마 남지 않은 삶의 끝에서 바라보는 익숙한 남강이 서럽게 진주를 휘감고 흘렀다. 달도 희미한 그 밤에 왜적들의 잔치가 있다 했다. 논개는 아끼던 여름옷 한 벌로 곱게 단장하고 원수를 휘감을 손마디가 풀릴 새라 손가락마다 단단히 가락지를 꼈다.

댐이 조성되기 전, 남강물이 불어나면 천지를 삼킬 듯 물살이 거셌다. 왜적들의 자축연이 질펀해지자 논개는 죽음이 소용돌이치는 남강 바위에 홀로 섰다. 적장이 호기 있게 다가간다. 논개가 엷게 웃는다. 적장 게야무라 로쿠스케毛谷村六助를 힘주어 안은 채 만길 낭떠러지로 가라앉는다. 폐부에 차오르는 강물이 마지막 숨을 덮기 전, 아득한 심연 속에서 논개는 안도한다. 이제 되었구나.

053　　둘째 마당

논개가 왜장을 껴안고
남강에 뛰어들었던 의암

논개의 제향에 사슴고기를 올리다

논개에 관한 소문은 파다했다. 관기가 왜적의 장수를 죽이려 목숨을 바친 것은 참으로 경이롭고 가상한 일이었다. 그러나 진주 백성들의 노력으로 논개의 순국이 조정의 인정을 받기까지는 147년이라는 세월이 걸렸다. 경종 1년, 조정은 포상 차원에서 논개의 가족이나 친지들을 전국으로 수소문했으나 아무도 나서는 사람이 없었다. 영조임금으로부터 의기義妓라는 정표를 하사 받은 논개는 진주 기생들의 정신적 지주였고 남명 사상을 잇는 진주의 혼이다.

백색 진칠절판

논개를 기리는 '의암별제[8]'는 현재까지도 여성들만 제관이 되는 전무후무한 제사의례다. 제례순서도 특이하다. 음악과 춤이 어우러진다. 대궐의 종묘제례에 버금가는 형식이다. 논개는 천상의 별이 되어 다시 진주에 내렸다.

'의암별제'에는 국수, 밥, 국, 술, 적, 탕, 간, 수박, 포, 식혜가 진설되었다. 의기사 제례에는 술쌀 한 말에 닷 되의 누룩으로 술을 직접 빚었고 특별히 소금에 절인 사슴고기를 마련했다. 귀한 사슴고기는 각 도마다 대궐에 바치는 진상품이었다. 태종은 사슴고기로 중국 사신들을 접대했고 세종은 관아의 사슴고기를 빼돌린 의주 목사와 판관을 귀양 보냈다. 사슴고기와 곰발바닥은 16세기 최고의 식재료였다.[9] 사슴고기는 성질이 맑고, 전체가 사람에게 이롭다. 논개의 제향에만 특별히 사슴 고기를 올린 것은 그 깨끗하고 올곧은 충절을 기리는 의미가 깊다.

백색 진구절판
갑오징어 인삼말이
교방 백김치말이

8) 의암별제는 의기사에서 올리는 제례와는 별도로 1864년 경상우병사 이교준이 처음 신설하였다.
9) 『쇄미록瑣尾錄』, 오희문, 사회평론아카데미, 2020.

단원 김홍도의
<행려풍속도> 중
'기방쟁웅'
- 국립중앙박물관

장악원의 여악 폐지, 기방이 탄생되다

녹분으로 씻어낸 투명한 살결, 잠두비녀와 호박꽃이로 단장한 뒤태, 항라 적삼을 곱게 입은 기생의 분 냄새가 은은한 가야금 소리에 섞여가는 기방 풍경. 그러나 조선 전기에는 기방이 존재하지 않았다. 기생은 모두 관에 속했고 상업의 개념도 희박했다. 1623년 광해군을 폐하고 왕위에 오른 인조가 즉위 열흘 만에 장악원의 여악을 없앤 것은 조선조 놀이문화의 판도를 바꾼 일대 사건이었다. 왕실 전용에서 벗어난 장악원 기생들은 대도시로 진출해 사적인 장소에서 공연을 하며 새로운 놀이문화를 만들었다. 기방의 탄생이었다.[10]

장악원의 여악제도를 폐지시킨 조정은 한양 기생들의 빈자리를 지방기들로 채웠다. 궁중의 연향에 지방의 관기들을 차출해 연회가 끝나면 낙향시켰고 편법으로 혜민서 의녀들과 궁중 침선비들이 여악을 대신한다 하여 약방기생, 상방기생으로 부르기도 했다. 진주의 교방문화는 선상기로 뽑혀 한양을 오갔던 기생들이 궁중가무와 교류하면서 높은 수준을 자랑했고, 그들이 눈썰미로 익힌 궁중음식은 진주의 풍요한 식재료를 이용해 더욱 화려해졌다. 특히 고종 대에는 유난히 궁중 잔치가 많았다. 대한제국의 마지막 불꽃이었다. 1902년 즉위 40년을 기념하는 진찬을 끝으로 고종은 강제로 퇴위되었고 나라를 빼앗기는 경술국치가 기다리고 있었다.

10) 노주석,『서울푯돌 순례기』, 서울살이 길라잡이, 서울&, 2019.

약선 쇠고기 야채말이

신흥 부유층의 음식 사치, 금주령이 풀리다

53년간이나 재임했던 영조는 금주령을 줄기차게 고수했다. 어기면 살벌한 형을 내렸다. 술을 빚거나 마시다가 적발되면 고문을 당하고, 유배를 갔으며, 참수를 당한 자도 있었다. 이 가혹한 금주령은 정조대에 해제되어 우후죽순처럼 술집이 들어서기 시작했다. 19세기 청나라 사신들이 드나들면서 국경 근처에 담배나 인삼 등을 사고 파는 무역상인들은 기방문화에 불을 붙였다. 이들은 양반 저리가라 할 정도로 막대한 부를 축적했고 나라 살림이 어려워지자 돈만 주면 관직이나 신분을 바꿀 수 있는 매관매직이 성행하여 조선 후기 양반은 총 인구의 70%가 넘었다.[11]

무역으로 떼돈을 번 부유층이 급격히 늘어나면서 밥상 문화도 많은 변화를 보인다. 19세기 말에 편찬된 조리서『시의전서』는 궁중 수라보다 더 화려한 진짓상을 차린다. 임금의 수라상은 장醬을 제외한 모든 그릇의 수를 첩수로 계산했다. 즉 궁중의 7첩 반상은 밥과 국, 조치와 침채(김치)에 반찬 세 가지였는데 반해『시의전서』에서는 반찬만을 첩수로 계산했으니 시의전서의 3첩 반상은 궁중의 7첩이 되는 셈이다.[12]

부역 의무에서 빠져나간 가짜 양반들의 몫은 고스란히 백성들에게 부가되었다. 아전들의 침학은 날로 심해졌다. 민란은 당연한 수순이었다. 남명이 역설했던 '아전망국론'이 절실한 시대였다.

일제강점기의 진주기생
- 국립중앙박물관

11) 『향촌의 유교의례와 문화』, 권삼문·김영순, 민속원, 2003, 231쪽.
12) 『시의전서』는 밥, 국, 조치, 김치를 모두 제외하고 첩수를 계산했다.

오색 진구절판

조선의 끝에서
조선을 부르다

진주의 마지막 관기

인조가 즉위한 지 열흘 만에 여악을 없앤 후, 장악원의 여악 제도는 끝내 복원되지 않았다. 1908년 일제가 전국의 교방을 완전히 폐지시키자 진주 기생들은 자체적으로 국내 최초의 기생조합을 설립해 진주기의 명성을 잇고자 하였다.

"경남 진주는 본래부터 기생이 많을 뿐만 아니라 저의 집에 계집아이의 머리를 쪽을 져서 내세우고 기생이라 하면서 매음을 하는 풍속이 근래에 매우 심하여 사회발전에 큰 유독들이 되더니 당 지원 기생 중 이난주, 명매, 향강, 벽도, 박중○, 천춘운 등이 조합을 모아 매창 매음을 구별하여 일정한 규모를 정하라고 취지를 발표하고 기부를 칭하여 자본을 삼으려 하는데, 당지 경찰서에서도 극히 찬성할 뿐 아니라 신사들도 기부를 다수히 한다더라."[15]

그러나 진주 기생들의 노력에도 불구하고 조합은 경영난으로 문을 닫고 일본식 권번으로 바뀌게 된다. 경상도는 동편제 판소리의 소비처였다. 가왕 송홍록의 맹렬과의 일화무대가 진주를 중심으로한 경상도였고 검무 춤꾼들의 장단 교습에 동편제 소리꾼들과의 인연이 이어져 있음과 진주 권번시절 이선유, 유성준, 김정문 같은 명창의 소리선생이 그 실체다.[14]

진주 교방의 명성을 이은 진주 권번은 500평의 큰 기와집에 넓은 마당, 대청마루, 가무를 배우는 큰 연습방이 3개나 되었고 경쟁률이 치열해 입학조차 어려웠다. 그 시대를 기억하는 진주의 노유老儒 분들은 명문 진주중학교의 교복이 선망의 대상이었듯, 머리를 곱게 땋아 묶은 권번 아가씨들도 도도함과 품위가 대단하여 함부로 말 한 마디 건넬 수 없는 존재들이었다고 한다.

진주권번

13) 『매일신보』 1913년 5월 16일자.
14) 『전북의 소리』, '김용근의 지리산 문화대간', 2021년 9월 12일자.

1910년대 진주에 처음 들어온 자동차
배돈병원에서 구급용으로 차를 보유한 기록이 남아 있다.
- 사진작가협회 진주지부

서울에는 명월관,
진주에는 망월관

1925년 경남 도청이 부산으로 이전하기 전, 진주는 무척 번화한 도청소재지였다. 사람과 물산이 진주로 모였다. 18세기 진주에 개설된 장시場市가 열 곳이었다.[15] 1894년 상공회의소의 전신인 진주우도소가 옥봉동에 사무실을 열고, 곰방대 물고 산 넘고 물 건너온 보부상들이 체계적인 시스템을 갖추었다. 1895년 진주 관아에서는 시전市廛을 개설하여 운영했다. 오늘날 중앙시장이다.

감 모양 양갱

서울에 명월관이 있었듯, 진주에는 망월관이 있었다. 망월관은 일본인이 지은 단층건물로 당시 진주에서 가장 큰 조선요릿집이었다. 망월관은 서부경남 일대의 부유층과 기업인, 일본인 고위 관리들의 전용공간이었다. 서울의 명월관처럼 망월관도 공연 무대가 설치된 현대식 공간이었다. 그러나 상업화된 요리상은 조선요리와 외식이 뒤엉켜 전통의 이름이 무색해져 갔다. 당시 조선요릿집들이 조선인 고객들을 끌어들인 것은 음식이 아니라 조선의 끝에서 조선을 부른 기생들이었다.

망월관 외에도 금곡원, 군현관, 진주관, 식도원 등 조선요릿집과 키요미, 오타후꾸, 다코히라 등의 일본요릿집이 성업 중이었으며, '나리또'라는 일본 사창가까지 침투되어 왜각시라 불렸던 일본 창기들이 영업을 했다. 교방음식의 전통은 일제강점기를 넘지 못했다. 손이 많이 가는 음식들을 만들 수 있는 여건도 되지 않았지만, 빨래 방망이로 한참을 두들겨 햇빛에 널어 말리기를 서너 번을 해야 만들어지던 남해산 한천묵조차 일제가 한천을 수탈하여 양갱의 원료로 삼았다.

일제시대 진주는 도청소재지였다. 1908년 진주부 통영에 정착한 일본인 핫토리 겐지로는 1920년 3월 통영통조림주식회사를 설립하고 통조림과 함께 덴부[16]를 생산했다. 에도시대 때부터 일본의 길거리음식 패스트푸드로 인기를 끌던 어묵은 그렇게 진주까지 상륙했다. 특히 일본식으로 히지마치日出町라 명칭을 바꾼 본성동은 일인들의 거주지였다.

진주의 요릿집도 전통이 아닌 근대화된 조선을 표방했다. 무엇이든 신식이 아니면 외면당했다. 명월관에 재즈 댄스와 샐러드, 햄 같은 신식문화가 유행이었듯, 권번시대 진주의 상업화된 밥상에는 풍부한 해산물을 재료로 일본의 스시 문화가 빠르게 유입됐다. 덴부 김밥도 이때부터 유행했다. 1933년 일제가 서울 영등포에 쇼와기린맥주 공장을 설립해 대대적인 판매에 나섰던 맥주는 진주 귀족의 상징이었다.[17]

임진왜란의 상흔이 깊은 진주에서는 일본을 강하게 배척했다. 그러나 경술국치 이후 불가항력이었다. 1910년 무렵, 진주 인구의 25%가 일본인들이었다.[18] 왜식문화가 만연할 수밖에 없었다.

---

15) 홍봉한, 『동국문헌비고』, 1770.
16) 도미살로 만든 어묵.
17) 김구숙(94세) 옹 증언.
18) 『단디뉴스』, '강호광의 진주 근현대사
    – 일본인의 진주 이민', 2021년 3월 15일자.

양반과 기생이 남긴 풍류
진주교방꽃상

아름다움에 반하고
맛에 취하다

셋째 마당

수령이 베푸는 고을 잔치

조선시대 한류 열풍 '조선통신사'

1748년(영조 24년) 파견된 조선통신사 행렬을 그린 하네가와 도에이羽川藤永의 '조선통신사래조도'. 수천 명의 일본 무사들이 통신사를 호위했고 비단옷을 입은 구경꾼들은 연도에 늘어서 대대적으로 환영했다. 구름 같은 인파가 모여든 18세기 한류열풍이었다.
- 고베박물관

호왕호래好往好來. 잘 다녀오라. 늙은 왕은 사신들에게 네 글자가 적힌 편지를 건넸다. 임금은 다시금 목이 메고 치가 떨렸다. 150년 전, 감히 이릉二陵[1]을 훼손한 저들을 어찌 용서할 수 있단 말인가. 그러나 나라를 위해서는 외교의 문을 열 수밖에 없었던 칠순의 영조 임금. 조선통신사는 1428년부터 1811년까지 조선의 왕이 일본의 최고통치자인 막부幕府의 쇼군將軍[2]에게 보낸 외교사절이다.

임진왜란 이후에도 12차례나 왕래했다. 7년이나 계속된 왜란으로 일본은 불구대천의 원수였다. 그러나 도요토미 히데요시가 죽고 새로운 지배자가 된 도쿠가와 이에야스는 적극적인 개국과 무역정책을 펴면서 조선에 수교를 제안해 왔다. 만주에서는 여진족이 후금을 건설해 명나라와 조선을 위협하고 있는 상황이었다. 조정은 대일외교정책으로 국정을 안정시키고 일본의 정세를 파악하려 했다. 조선통신사는 문화와 예술로 평화와 공존의 시대를 열었다. 이후 메이지유신으로 막부가 무너지면서 일본은 더 이상 통신사를 요청하지 않았고 200여 년 간의 우호관계도 막을 내린다.

한양에서 에도(도쿄)까지 5천리 길, 통신사 일행은 수백 명이나 되었다. 왕래하는 데만 8개월에서 2년이 걸렸다. 수장인 정사, 부사, 종사관[3] 외에도 기록을 맡은 제술관, 글씨 잘 쓰는 서기, 특수군인 별파진, 음악을 맡은 전악, 천문, 지리, 산수, 의료에 능한 백성들도 뽑았다. 우스운 이야기 잘 하는 이, 술 잘 마시는 이, 장기와 바둑 잘 두는 이처럼 국내의 이름난 재주꾼들도 있었다.

가는 길은 험했다. 뱃길의 풍랑이 험해 생사가 걸린 노정이었다. 조정은 통신사들에게 별도의 노자路資를 지급했다. 그중 약재와 그릇은 모두 경상도 백성들에게 할당했다. 가는 길에 병이 나면 낭패였으므로 약재는 매우 귀중한 노자였다. 진주 교방꽃상의 재료였던 지리산 약재들이 통신사를 통해 일본까지 건너갔다.

삼사는 수하에 도척과 숙수를 두어 도척은 일상식을, 숙수는 연회식을 만들었다. 일본이 동원한 인원 33만 명에 말 8만 마리. 에도 막부가 지출한 비용은 1년 치 예산에 달하는 1백만 냥(지금으로 환산하면 약 6천억 원)이었다. 모두 일본이 부담했다. 도쿠가와 이에야스는 지방 영주인 다이묘大名들의 세력을 견제하기 위해 그들의 재력을 없앨 목적으로 통신사가 지나는 요지마다 극진한 접대를 지시했다. 일본인들을 놀라게 한 것은 조선의 문화와 예술이었다. 글씨를 받아가려는 일본인들이 줄을 섰고 특히 말 위에서 재주를 부리는 마상재馬上才는 일본의 귀족만 관람할 수 있는 조선의 아크로바트였다.

1) 성종과 중종의 무덤.
2) 막부의 최고 통치자.
3) 당상관은 조정에서 정사를 논할 때 당堂위에 앉을 수 있는 관직이다. 품계로는 정3품으로 문반계는 통정대부通政大夫, 무반계는 절충장군折衝將軍이상의 품계며 그 아래 품계는 모두 당하관堂下官이라고 불렀다.

"그릇 수를 얼핏 세니 한 상에 팔십이요, 수륙진찬 다 올랐다"

'동래부사접왜사도'
- 국립중앙박물관

일행이 한양을 출발해 부산항에 도착하기 전, 통신사들이 지나는 고을은 떠들썩한 연회준비가 시작됐다. 이틀 사흘씩 기생과 음식, 물건과 돈을 바쳤다. 연회가 끝난 자리엔 사람과 음식이 난무하였다. 이렇게 큰 잔치는 이웃 고을들이 함께 치렀고 교자상마다 80기의 그릇이 올랐다. 연향이 파하면 다시 새 밥상을 들였다. 당시 교방음식의 규모를 짐작할 수 있다.

"저 연상 구경하소 장하고 거룩하다 크나큰
 고주상을 네 놈이 겨오 드니 사신네 네 상이요
 우리난 세 상인데 그릇수를 얼핏 세니
 한 상에 팔십이요 몰수다(모두)
 왜화기요(꽃 그린 일본산 그릇) 수륙진찬 다 올랐다"

1763년 8월 통신사 김인겸이 기록한 〈일동장유가 日東壯遊歌〉다. 영남의 열 두 고을에서 지공支供[4]했다. 오백 냥이나 되는 큰 돈이었다. 영천의 아전과 기생들이 일행을 맞았고, 창원에서 지공을 마치면 칠원(함안)이 기다렸다. 웅천(창원), 거창, 현풍, 곤양(사천)도 차례로 지공했다. 이날 연회에는 일곱 고을 수령들이 참석했다. 기장과 웅천, 현풍을 제외하면 거창부사, 곤양군수, 초계군수, 합천군수 등 진주목 수령들이었다. 경상도 기생 백 여 명과 서너 패의 악사들도 모였다. 일행이 부산 다대포에 도착하자 첨사僉使[5]는 장한 만찬을 준비했다.

"온갖 실과 넣은 떡과 연한 고기 가는 회를 차례로
 들이고서 벙거지골[6] 먹인 뒤에 생복生鰒[7] 잡아 따뜻이 삶고,
 고기 잡아 탕湯을 하여 석반夕飯[8]을 또 드리고,
 감과 배로 위장을 깨우니 대접도 요령 있고,
 음식도 맛이 좋네 서울서 떠난 뒤에 처음으로 배부르다."[9]

4) 음식 따위를 대접하여 받드는 일.
5) 종3품 무관.
6) 전골.
7) 전복.
8) 저녁식사.
9) 〈일동장유가〉, 1763년 9월 5일.
10) 김상보, 「조선통신사를 통해서 본 한국과 일본의 음식문화」, 〈경성대학교 문화전통논집〉 제12집, 2004.

에도시대 일본은 불교 국가였다. 소, 돼지 등 네 발 달린 짐승의 섭취가 금지되었다. 그러나 특별히 통신사를 위해 육축을 키웠다. 일행이 히코네의 소우안지宗安寺에서 머물 때, 짐승을 들이는 출입문을 별도로 만들어 육식을 제공했다.

일본에서 사신들이 받은 밥상은 성대했다. 연회에서는 일곱 가지, 다섯 가지, 세 가지 음식이 세 번에 걸쳐 차례로 나오는 753의 규례에 따라 차려졌다.[10] 753은 에도시대 최고의 연회상이다. 식사 때는 세 가지 국물에 열다섯 가지 찬3汁15菜이 올랐다. 다이묘보다 융숭한 밥상이었다. 753제도는 1636년 종사관으로 따라갔던 황호의 『동사록』에서도 나타난다.

잔치 때에는 753제도가 있다. 처음에 일곱 그릇을 차린 반(상)이 나온다. 물고기 또는 채소를 가늘게 썰어 고여 담아 높게 고인 것이 마치 우리나라의 과반果盤과 같다. 다음에 다섯 그릇을 차린 반, 그다음에는 세 그릇을 차린 반이 나온다. 물새를 잡아서 그 깃털을 그대로 둔 채 두 날개를 펴고 등에 금칠을 하여 반에 차린다. 과일, 국수, 떡, 생선, 고기 등에 모두 금박을 입혔다. 술잔을 올려놓는 반에는 조화로 만든 꽃과 나무로 장식하였다. 음식을 담는 질그릇에는 금과 은을 입혔고, 흰 목판으로 만든 반(상)에도 또한 금과 은을 입혔다. 연회가 끝나면 그릇과 반을 깨 버리고 두 번 다시는 쓰지 않았다.

찹쌀 소고기 전복구이

통신사 길을 따라 음식이 흐르고 섞이다

1711년 작성된 자료에는 통신사 일행이 가장 좋아했다는 소고기와 소내장으로 만든 음식의 조리법이 상세히 소개되고 있다. 김치 담는 법도 정성스레 기록을 남기고 있다. 육식과 김치의 교류는 일본 열도의 서쪽에서 동쪽으로 통신사길을 따라 이미 전파되고 있었던 것이다. 또한 대마도에 의뢰하여 작성되었을 것으로 짐작되는 『조선인호물지각朝鮮人好物之覺』에는 조선인들이 좋아하는 것을 소, 멧돼지, 사슴, 돼지, 닭, 꿩, 오리, 달걀, 도미, 전복, 대구 …… 의 차례로 나열하고 있다.[11]

우리 민족의 입맛은 예나 제나 비슷했던 것으로 보인다. 육류는 백 가지 맛이 난다는 소고기가 최고였고 생선은 역시 도미였다. 소고기와 도미는 진주 꽃상에 자주 오르던 재료다. 그밖에도 쓰시마섬에서는 고구마가 구황식품으로 조선에 전래되어 보릿고개 백성들을 살렸다. 19세기 궁중 조대비의 육순잔치에 왜찬합이 올랐고 부산 왜관을 통해 들어온 '승기악탕'은 연회상의 으뜸이 되었다.

11) 신기수, 『조선통신사의 여정』, 월인, 2018, 76~83쪽.

073 셋째 마당

승기악탕
조선통신사가 전한 잔칫상의 꽃

셋째 마당

'조선통신사행렬도'
- 국립중앙박물관

음식은 "내리고",
밥상은 "물리다"

갈비탕

"모 떨어진 개상반,
긁어먹은 갈비 한 대,
건져 먹은 콩나물국,
병든 대추,
뻑뻑한 막걸리 한 잔"

춘향전에서 비렁뱅이로 변장한 채 사또 앞에 나타난 암행어사 이도령의 밥상이다. 밥상물림이란 윗사람이 먹고 난 상을 아랫사람에게 물려 남은 음식을 먹게 하는 전통이었다. 대궐에서는 관원들에게 각자 자기 그릇을 가져와 먹다 남은 밥을 받아먹도록 하였고, "부수라"라고 하여 여러 신하들이 나누어 먹기도 했다. 관아에서는 수령이 물린 밥상을 아전이 먹었다. 아전이 먹고 나면 찬을 만든 기생들이 받았다.

수령은 명절이나 절기가 되면 음식을 내렸다. 친지, 관원, 기생에게도 내렸고 형벌을 받는 죄수들에게도 베풀었다. 죄수는 주로 세금을 내지 못 해 관아로 끌려와 곤장을 맞고 옥에 갇힌 자들이었다.

최고급 과일은 배였다. 일제가 매년 수천 개를 수탈해 가져갔을 만큼 귀했던 진주 배는 한 접에 1돈 6푼으로 감보다 열 배가 비쌌다. 초복에는 콩죽을 쑤어 나누었고 중복에는 삼계탕을 끓이거나 개를 잡아 복달임을 했다. 아전들은 부임하는 수령에게 청사에 귀신과 요괴가 있다고 겁을 주기도 했다. 소나무 가지로 팥죽을 칠하는 액막이는 이래저래 관아의 큰 행사였다.

새해 첫 날 도소주 屠蘇酒로
사악한 기운을 떨치다

조선시대에는 질병에 대한 두려움이 실로 컸다. 돌림병이 한 번 시작되면 한 마을이 통째로 붕괴되는 일도 있었다. 관아에서는 둔전의 곡식으로 도소주를 담아 사악한 기운을 떨쳤다. 추석에는 햅쌀로 신도주를 빚었고, 단오에는 창포주를 마셨으며, 날 풀리는 봄에는 맑은 청명주요, 정초에는 도소주였다. 장수술이라 했던 초주[12]도 어른들께 올리는 새해맞이 술이었다. 섣달 그믐에 약재를 베보자기에 담아 우물에 넣었다가 정월 초일 일출에 꺼내어 청주와 함께 끓이면 도소주가 된다. 도소주는 동쪽을 향해 마셔야 1년 내내 질병이 없다고 믿었다.[13]

섣달 그믐날엔 경범죄수를 석방해 주는 사면도 있었다. 수령은 관속 가운데 가장 궁핍한 자에게 건어물과 젓갈, 과일과 인절미를 베풀고 소고기도 두세 근씩 나누어 준다. 동헌에는 횃불과 청사초롱이 휘황하고 관속들이 새해 인사를 온다. 차례대로의 문안이 끝나면 풍악 소리 자자

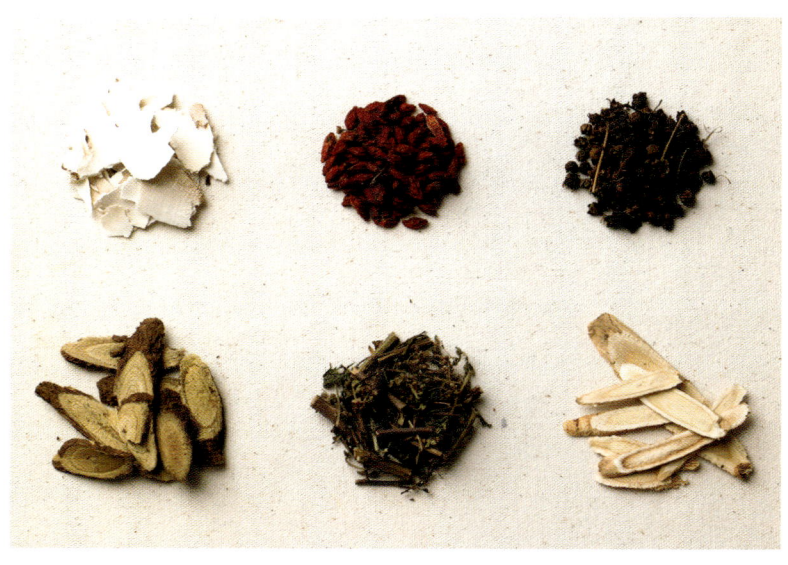

하고 수십 명의 무동 舞童들이 서로 화답하며 관아 뜰로 들어온다. 덩치 큰 이가 가면을 쓰고 동에 번쩍 서에 번쩍 고개를 들었다 젖히며 거만한 소리를 내는가 하면, 풍 맞은 사람 흉내를 내기도 한다. 귀신 묻는 놀이다. 수령은 돈과 종이와 쌀, 북어와 대구, 막걸리 등을 선물로 내려준다.[14]

수령은 도소주를 앞에 놓고 술 한 잔에 근심을 씻고 두 잔에 온화함을 이르며 석 잔 넉 잔에 취한다. 치리미 들판의 닭이 기쁜 소리를 보낸다. 새해가 밝는다.

셋째 마당

오색 화양적

12) 후추를 탄 술.
13) 『산림경제山林經濟』 3편, 홍만선. 『동의보감東醫寶鑑』에는
"백출 1냥8전, 대황 1½냥, 도라지 1½냥, 천초 1½냥, 계심 1½냥,
호장근 1냥 2전, 천오 6전을 썰어 베주머니에 넣어서 섣달 그믐날에
우물에 넣었다가 1월 1일 이른 새벽에 꺼내어 청주 2병에 넣어
두어 번 끓인다"고 되어 있다. 도소음屠蘇飮이라고도 한다.
14) 조선후기 진주 관아의 문화 등은 진주목에 속했던 함안,
고성 『총쇄록叢瑣錄』의 상세한 기술을 참조로 하였음.

"아롱아롱 무늬 새겨 화전 굽세 화전 굽세"
- 화전가 중

"사해四海가 하나 되고 만 백성이 태평하니
경치 좋은 곳에서 놀게 하소서."

세종은 영의정 유관1346~1433이 올린 상소에 따라 3월 3일과 9월 9일을 영절令節로 정하고, 백성들이 경치 좋은 곳을 택해 즐거이 놀 수 있도록 윤허했다.[15] 3월 3일 삼짇날은 파랗게 돋은 새 풀을 밟으며 즐기는 답청이고 9월 9일은 산에 올라 화려히 물든 단풍을 즐기는 중양절이다. 삼짇날은 몇날 며칠 전부터 가슴을 설레게 했던 봄 잔치다. 진주 백성들이 '해치'라 불렀던 조선시대 '여성의 날' 행사다. 아침 일찍 몸치장을 하고 집안을 벗어나 미리 약속된 장소에 모인다. 번철, 채반 같은 주방 살림도 총동원된다. 시어머니들도 이날만큼은 집안에만 매인 며느리들이 참가할 수 있도록 특별히 마음을 썼다. 틀에서 해방된 아녀자들이 삼삼오오 모여 지천으로 핀 진달래로 화전을 만들고, 오미자 창면을 먹는다. 꽃달임놀이다. 모두들 머리에 진달래가 피고, 손에는 꽃다발이 한 줌씩이다.

양반들은 비봉산 자락을 찾아 봄놀이를 즐겼다. 이팝나무, 베롱나무의 순이 돋고 진달래와 철쭉이 지천인 비봉산은 멀리서 바라만 보아도 눈가에 분홍빛이 물든다. 진주 교방화전은 꽃잎을 얹어 참기름에 지져 꿀에 담가 고소하고 달착지근한 갓이 난다. 진주 허씨 가문에서는 야생 진달래의 꽃술을 일일이 제거하고 통째로 쌀가루와 섞는다. 진달래가 쌀가루보다 열 배는 더 많아야 한다.

한 입 베어 물면 입 안 가득 번지는 향기와 진달래술을 곁들여 마냥 기분 좋게 취하였던 비봉산의 봄. 수령은 술과 떡을 차려 백성들과 소통하며 묵객과 더불어 시를 짓는다. 솟대쟁이 줄타기꾼은 아슬아슬 허공을 걷고, 땅재주꾼은 제비처럼 뒤집어지고 엎어지며 보는 이의 심장을 두근거리게 만든다. 진주에서는 이날 처음 보는 짐승으로 운수를 점치기도 했다.

15) 『세종실록』, 11년 8월 24일.
16) 진주 전래민요 <쾌지나칭칭>, 『진양군사』, 진양군, 1992.

셋째 마당

"꼬고리다!! 올핸 먹을 복 들겄네."
"내는 누런 나비가 춤추가미 오닌 걸 보았데이."
"에나가?"

"꼬고리"는 개구리고 "에나가"는 진짜냐고 묻는 진주만의 토속어다.
개구리를 보면 먹을 복이요 도마뱀은 흉조이며 노랑나비는 길조라 여겼다.
백성들이 즐거이 노래한다.

"남강물이 술이라면/ 우리 부모 대접하세/ 쾌지나칭칭나네
남강물이 술 같으면/ 우리 모두 마셔보세/ 쾌지나칭칭나네"[16]

진달래 화전

작자미상, 20세기,
<사람의 일생>
- 국립중앙박물관

"진실로 청하옵네다"
"극구 사양하나이다"
- 양로연 養老宴

　　가을이 물든 깊은 자리, 단풍은 비단이요 솔 소리는 거문고다. 신선이 살았다는 팔암산에는 시를 짓는 가객들이 가을에 취하고 가정숲도 개양숲도 국화로 물든다. 홀수는 양이고 짝수는 음이니, 9월 9일 중양절은 양이 겹치는 길일이요, 9자의 상징인 장수의 날이다. 진주의 중양절은 각별한 잔치다. 들판은 기름지고 토산은 풍족하여 절기식의 재료 모두가 진상품이었다. 중양절엔 국화전을 지지고 국화술을 담갔다. 감국을 베보자기에 싸서 한 말 술독에 넣어두면 향긋한 국화주가 겨우내 익어갔다. 유자와 배를 가늘게 채 썰어 석류와 잣을 띄운 화채 한 사발에 가을이 백성들의 삶에 스몄고, 술잔에 잠겼다. 오늘 하루는 느리게 살기다. 좋은 안주에 깊은 술동이를 옆에 두니 서두를 것이 없다.

가을마당에는 특별히 장수한 마을 노인들을 위한 잔치가 벌어진다. 백성들의 평균 수명이 35세였으니 환갑은 큰 경사였다. 진주향교는 오늘 양로연 준비로 떠들썩하다. 앞뜰에는 장막이 쳐지고 깨끗한 돗자리가 깔렸다. 수령은 진시辰時[17]에 예복을 갖추고 자리에 선다. 단령포團領袍[18]를 입고 정대鞓帶[19]를 두르고 흑화黑靴[20]를 신었다.

관아에서 미리 준비한 음식은 들것架子에 싣고, 야외에는 임시 조찬소가 마련된다. 초대된 노인들 중 학덕과 연륜이 높은 대표자를 세워 예방이 큰 소리로 외치면 빈이 화답한다. 반드시 권유와 사양이 몇 차례 오가는 것이 덕목이다.

"수령께서 좋은 술과 맛난 안주를 갖추어 즐거이 해드리고자 합니다."
"저는 덕이 없어 사또의 명을 감히 사양하나이다."
예리가 큰 소리로 수령께 복명한다.
"사양하신다고 하옵네다!"
"옛 예법에 따라 감히 청하는 바입니다."
"아닙니다. 너무도 황공하여 몸 둘 바를 모르겠습니다."
"진실로 다시 청하는 바입니다."
"허락을 받지 못하였으니, 따르지 않을 수 있사오리까!"[21]

수령은 노인들에게 담뱃대를 드리고 술과 안주로 대접한다. 기생의 노래와 춤이 시작되면 바로 음식이 나온다. 국수, 떡, 고기, 생과, 유과, 전유어, 채소, 나물과 초장, 그리고 꿀이다.[22]

봄, 가을로는 공자와 선현들을 기리는 석전제례를 지낸다. 향교의 석전제는 지방 수령이 반드시 지내야 할 큰 제사다. 오성위五聖位[23]의 위패를 잘못 모시면, 감영까지 보고될 정도로 석전제는 수령의 중요 임무였다.[24] 술을 올리는 13인의 헌관獻官께는 하루 세끼 밥과 죽이 제공되었다. 매끼마다 닭, 달걀, 조기, 약포, 밀가루眞末, 젓갈, 미역, 건어 등이 오르는 풍성한 밥상이었다.[25]

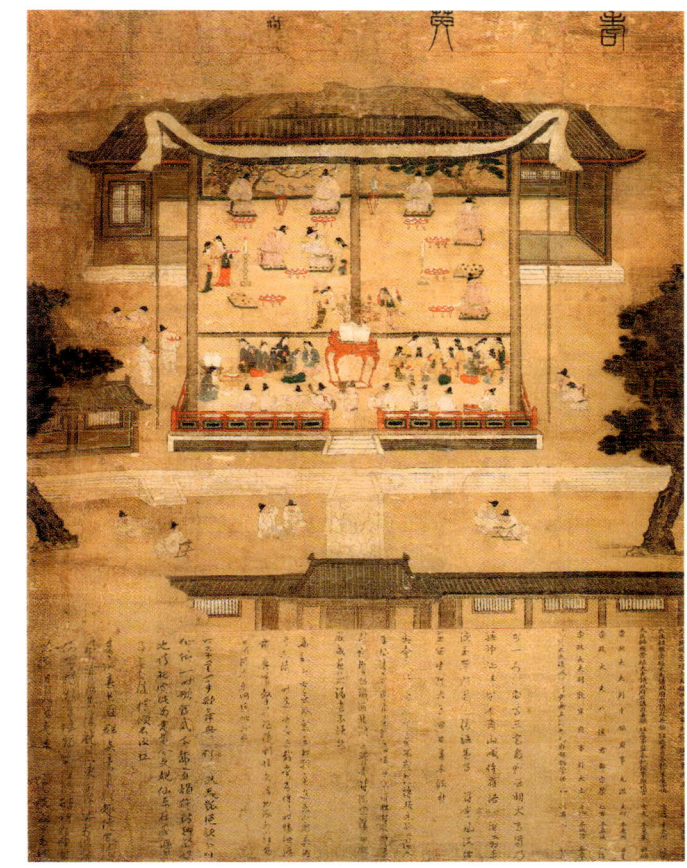

작자미상, 18세기,
<기영회도>
- 국립중앙박물관

17) 오전 7~9시.
18) 관료들이 입던 평상복, 문신의 경우 가슴 부분에 두 마리 학을 수놓았다.
19) 가죽띠.
20) 검은 색의 목이 긴 가죽신.
21) 『목민심서』 애민 제1조 양로, 다산연구회.
22) 『함안총쇄록』 허권수 역.
23) 유교의 다섯 성인인 공자, 안자, 증자, 자사, 맹자.
24) 『여수총쇄록』 허권수· 황의열 역.
25) 『진주읍지晉州邑誌』 374쪽.

"아버님! 소자 드디어 급제하였나이다!"
– 과거급제 축하, 영친연榮親宴

<담와 홍계희 평생도>일부,
필자미상
- 국립중앙박물관

우리의 입신양명 DNA는 가히 역사가 유구하다. 조선시대의 과거는 지금의 수능과는 비교도 안 될 만큼 어려웠다. 사관들은 수천 장의 답안지를 일일이 점검할 수 없어 빨리 제출된 것, 글씨가 깨끗하고 장문인 것만 되는대로 골랐다. 평균 경쟁률 2,000대 1의 로또였다. 천민이 아닌 이상 누구나 응시의 기회가 주어졌지만 음서라는 제도를 만들어 양반의 자제는 무조건 합격을 시키기도 했다.

과거를 앞두면 낙지와 게는 일체 금했다. 낙지를 낙제라고 했는데 이는 시험에 떨어진다는 낙제落第와 음이 같다 하여 기피했고, 게는 한자음이 해解로서 해산解散, 즉 과거가 열리지 않을까 우려해 금기시했다.[26] 한양에서 과거시험을 보려면 먼저 지방 향시鄕試에 합격해야 한다. 향시를 치르기 위해 촉석루에 모인 유생들만 수백 명이다. 시험이 끝나면 수령은 합격증서인 조흘첩을 수여한다. 급제자들은 수령에게 절을 하고 물러난다. 유생들 앞에는 각 상이 차려진다.

조정에서 대과大科 합격자를 발표하는 방방의放榜儀는 봄에 열렸다. 방방의에서 호명된 급제자들은 머리에 어사화를 꽂고 말에 올라 3일간 자랑스레 거리를 누빈다. 한양에서 행사를 마치고 고향으로 돌아오면 수령이 영친연榮親宴으로 맞는다. 고을 전체의 경사다. 급제자가 예를 올릴 때까지 기다림이 지루해진 아이들이 칭얼대고, 얼른 엿 하나를 물려 달래는 어머니의 마음도 조급해질 즈음 드디어 예방이 큰 소리로 잔치의 시작을 알린다.

26) 숙종 25년, 1699년 대거 부정행위가 발각돼 합격자 전원이 취소되는 사태가 있었다.

085 셋째 마당

"풍악을 울려라!"

단원 김홍도의 〈평생도〉
- 국립중앙박물관

황매실 백염매

붕어는 회를 치고
은어는 밥에 넣고,
천연조미료 '백염매'

　　　　남강에는 낚시를 하는 백성들이 많았다. 잉어도 쏘가리도 남강에서 잡았다. 수령은 민물고기 회를 안주로 술잔을 기울인다. 회에는 매실 양념을 치면 최고라 했다. 바쁜 수령의 소소한 여유와 소박한 주안상이다. 진주목 하동 청암면 백성들은 은어 2천 마리씩을 관아에 바쳤다. 신선한 수박향이 나는 청암의 은어는 배를 따 손질하고 밥이 끓어오를 때, 대가리 쪽을 밥 속에 꽂아 밥이 다 되면 꼬리를 잡아 빼 뼈를 추린다. 조선 후기 진주의 은어값은 1마리에 5푼으로, 4푼인 오징어보다 몸값이 높았다.

매실 양념은 매실소금인 백염매白鹽梅[27]다. 매실은 진주의 특산물로, 반쯤 붉어진 황매실을 소금물에 담갔다가 건져 말리기를 열 번 정도 반복하면 매실에 소금기가 묻어 흰 빛을 띤 채 마른다. 백염매는 생선에도, 국에도, 냉면에도 빠짐없이 들어가는 천연 조미료. 매실을 꿀이나 조청으로 청을 내지 않고 신맛 그대로의 풍미를 살린 것이다. 백염매의 문화는 근대에 들어 매실청으로 바뀌었지만, 조선시대에는 설탕이 귀해 주로 소금으로 진액을 내 사용했다.

[27] 조선시대에는 조미료로 염매를 사용했다. 정조는 우의정으로 책봉된 김이소에게 "소금과 매실이 그 맛을 고르게 하듯 조정이 화락하는 것이 나의 뜻"이라고 했고, 인조 실록에는 "국羹을 조미할 때에는 반드시 소금과 매실을 사용한다"고 했다.

은어밥

셋째 마당

방아전

진주의 천년의 향신료,
배초향과 초피

셋째 마당

경상도에서는 장독 근처에 '방아'라 불리는 배초향을 심는다. 장의 퀴퀴한 냄새를 잡아주는 토종 허브다. 꽃말이 '향수'인 배초향 방아는 진주 천년의 향신료다. 된장에 넣어 보글보글 끓이는 방아조치, 노릇하게 구워내는 방아전, 어린잎을 무쳐 상에 올리면 방안 가득 퍼지는 허브 향기로 봄이 저문다.

더위가 물러갈 무렵에는 초피 열매를 말리는 아낙들의 손길이 바쁘다. 작은 열매를 일일이 씨를 제거해 향신료로 사용하는 초피는 몇 개만 다듬어도 손톱 밑이 까맣게 물들어 기생들이 질색을 했다는 향신료다.

입에서 '화'하게 터지며 신맛을 내는 초피는 백성들이 강가에 나가 어죽을 끓일 때 면보에 넣어 가곤 했다. 고향집 마당 어디서나 피고 지는 남도의 초피는 속이 답답할 때 약으로도 쓰였고, 고춧가루가 유입되기 전에는 김치의 매운 맛을 초피로 대신했다.

새벽바다가 잔칫상이 되다, 자연주의 꽃상

진주의 봄은 빠르다. 산이, 들이, 바다가 일찌감치 제철의 것들을 마련한다. 매화꽃 엔딩과 함께 찾아오는 도다리魛達魚는 소고기 한 근 값이었다. 쑥을 넣어 말갛게 끓여낸 도다리 쑥국의 감칠맛이 첫 선을 보인다. 꽃잎처럼 살짝만 구워낸 햇감태도 그러하려니와, 식감이 아삭한 참죽의 새순 등은 따뜻하고 볕이 좋은 남도가 아니면 구경하기 힘든 재료였다. 중앙에서 부임한 수령은 한양에서는 경험할 수 없는 자연을 두루 맛본다.

진주에서는 해산물을 '고기'라 불렀다. 소고기나 돼지고기는 '육고기'로 구분해 표현했다. 가장 비싼 고기는 광어와 민어였다. 특히 말린 민어는 8돈으로 갈비 세 짝의 가격과 맞먹었다. 새벽 바다는 그대로 잔칫상이 되었다. 문어文魚, 전복全鰒, 해삼, 감성돔甘成魚, 조기石魚, 도미都音魚, 대구大口, 민어民魚, 숭어秀魚, 은어銀口魚, 전어箭魚, 노래미老男魚, 병어瓶魚, 오징어烏賊魚 등 다양한 해산물이 진주의 특산으로 이름을 올렸다. 궁중 잔치에 쓰이던 누치는 8푼으로 저렴했고 게蟹나 황어黃魚는 더 흔했다.[28]

'바라만 보아도 약이 된다'는 바다 농어鱸魚는 7월이 제철이다. 농어회에 쏘가리탕錦鱗魚을 곁들인 여름 꽃상을 물리면, 전복과 낙지落蹄가 한 상 가득 차오르는 가을이다. 추수 끝난 빈 들을 뒤로 도미와 광어의 향연이 시작되는 겨울, 특히 참돔은 '기생보다 즐겁다'는 승기악탕으로 변신하여 중앙관리들의 미각을 깨웠다.

삼색 새우찜

28) 『진주읍지晉州邑誌』, 「교남지」, 제3권, '진주토산편'.

091 셋째 마당

개조개찜

수령의 여름나기,
밀전서과蜜煎西瓜와 백성의 참외

셋째 마당

수박 꿀조림

　　불귀신이 나타난다는 남도의 여름. 사나운 날씨와 싸우며 갈증을 해소하는 데는 수박만한 것이 없었지만 달기로 유명했던 진주 수박西瓜은 가격이 비싸 백성들이 마음껏 먹을 수 있는 과일은 참외였다. 높은 사람은 수박을 먹고 낮은 이들은 참외를 먹었다. 관아에서는 빨갛게 잘 익은 진주 수박을 속현의 수령들과 통제사에게 선물로 보냈다. 수박은 과육에 계피, 후추, 꿀을 넣어 살짝 쪄내 새끼줄에 매달아 찬 우물에 넣어둔다. 수령의 다과상에 올리는 향긋하고 다디단 밀전서과다.
백성들은 밥 대신 참외를 먹으며 참외 먹기 내기에서 진 사람이 참외 값을 지불했다. 찌는 여름날 백성들은 날마다 참외를 가지고 강가에 나가 한 사람이 껍질 째 몇 십 개씩을 먹었다. 여름철이면 밥보다 참외를 더 많이 먹어 쌀집의 매상이 70%나 떨어질 정도였다. 매년 여름마다 임금이 신하들에게 참외를 하사했을 만큼 참외는 민족의 과일이었다.

양반과 기생이 남긴 풍류
진주교방꽃상

아름다움에 반하고
맛에 취하다

넷째 마당

역사에서 맛을 만나다

진주 '꽃상'에서 고려의 문화를 만나다

건구절판

조선후기에 편찬된 『진주읍지』는 행정실무자였던 아전들이 꼼꼼히 쓴 문서다. 그중에서도 흥미로운 품목은 분량까지 기재해 놓은 유과와 다양한 젓갈이다. 진주 유과는 1895년 관아에서 개설한 시전市廛의 '과자전'에서 활발히 유통되며 외부로까지 팔려나갔다. 유밀과는 밀가루나 쌀가루를 말리고 빚어 기름에 튀겨내는 전통 과자다. 전형적인 고려의 불교문화다. 진주는 고려의 찬란한 문화가 꽃피웠던 곳이다. 고려시대 전국의 거점 도시에 12목을 설치해 처음 '진주목'이 생겼고, 고을 이름에 주州 자를 붙여 '진주晉州'라는 명칭으로 불린 것도 고려시대부터였다. 촉석루가 고려 때 건립되었으며, 진주목 단성현에는 불국사보다 몇 배 규모가 컸다는 천년의 사찰 '단속사斷俗寺'가 있었다. 서산대사, 사명대사가 머물렀던 절이다. 임진왜란 때 불타 터만 남아 있다. 진주의 고려문화 속에는 중요한 인물이 등장한다. 왕을 세 번이나 갈아치우며 고려 역사상 최고의 권력을 누렸던 무신 최충헌1149~1219이다. 그는 진주의 공작公爵으로 책봉되어 진주땅을 식읍지[1]로 받았다. 최충헌 사후에도 아들 최우, 손자 최항에 이르기

넷째 마당

까지 62년간이나 세습됐다. 진주 류씨 가문이 최충헌의 외가다. 합천 해인사에 소장되어 있는 재판再版 팔만대장경도 최항의 근거지였던 진주목 남해현에서 진주 목사의 지휘로 제작되었다. 지리산의 나무를 베어 섬진강으로 흘려보내 남해 바닷물에 담가 방충작업을 거쳤다. 진주를 본관으로 하는 강, 하, 정씨들이 고려 중기부터 대성을 이루었고, 고려말 조선초에는 하륜 등 여러 정승이 배출 됐다.

고려의 문화는 음식에도 영향을 미쳤다. 대표적인 것은 병과류와 젓갈이다. 고려의 도읍지였던 개경의 약과가 유명하듯, 진주를 대표하는 유과는 박계朴桂다. 박계는 밀가루를 꿀로 반죽해 계수나무 이파리처럼 무늬를 넣어 참기름에 지진다. 꽃상에는 작고 앙증맞은 다식을 비롯해 과편처럼 예쁜 떡들도 다양하게 올랐다.

남해에서 서해를 거쳐 북으로 향하는 뱃길, 충남 태안의 마도 앞바다는 짙은 안개로 사고가 잦아 배가 자주 침몰하는 죽음의 바다였다. 2009년 태안 앞바다 마도에서 전라도를 출발해 개경으로 향하던 13세기 초 고려의 침몰선이 그 모습을 드러냈다. 젓갈을 담은 백자항아리 130개도 발견되었다. 항아리의 용량이 10리터가 넘는다. 고등어젓古道醢, 게젓蟹醢, 전복젓生鮑醢, 홍합젓蚫醢, 알젓卵醢 등을 담아 중앙관리에게 보내는 선물이었다.

육식을 금지했던 고려시대, 해산물은 다양한 형태로 발달했다. 특히 젓갈의 역사는 멀리 삼국시대까지 올라간다. 『삼국사기』에 따르면, 서기 683년 신라의 신문왕이 김흠운金欽運의 딸과 혼인할 때 폐백 15수레에 쌀, 술, 기름, 꿀, 장醬, 메주, 포脯, 젓갈醢이 135수레, 조租가 150수레였다. 전복젓과 홍합젓, 대구알젓은 문서에 기록될 정도로 중요한 진주의 특산품이다. 천 년의 시간이 꽃상 위에 있다.

1) 국가에서 내리는 땅.

넷째 마당

은열공 강민첨 장군을 모시는
은열사 전경

진주 강姜씨 혈식血食 제사에서
유래된 진주비빔밥

　계사년, 그해에도 진주성 능소화는 눈물 같은 꽃잎을 뚝뚝 떨궜으려나. 적군의 사기를 꺾은 진주성 전투는 위대하고 처참했다. 아군이 수세에 몰려 막바지에 이르자 백성들은 성 안의 소를 잡았다. 나물도 뜯었다. 모듬살이로 삶을 헤쳐 온 두레의 전통은 마지막까지 빛났다. 다시 힘을 내자고, 주저앉은 무릎들을 서로 일으키며 군관민이 울먹이며 먹었을 전쟁터의 비빔밥은 절망의 허기를 채워준 최후의 만찬이었을 터다. 진주비빔밥의 진주성 전투설은 설화이긴 하나 구국혼이 새겨진 상징성을 갖는다.
　진주의 육회비빔밥은 진주 강씨 가문에서 유래되었다. 진주 강씨는 단일 본으로 국내에서 가장 오래된 성씨이다. 시조는 고구려의 명장인 강이식(姜以式) 장군이다. 고구려 영양왕 9년(598) 임유관(臨楡關) 전투와 612년(영양왕 23) 살수대첩에서 수나라 대군 30여만 명을 섬멸시켰다. 950년 고려 광종은 고구려 강이식 장군의 구국 충절을 기려 진주에 봉산사를 건립하고, 매년 음력 3월 10일에 제사를 모시게 했다. 이 제례는 오늘날까지 천년 이상 이어 온다. 고구려인이었던 강이식 장군의 후손 강진이 진양(진주의 옛 지명)의 영주로 봉해지면서 본관을 진주로 하였고 이때부터 거처를 진주로 옮기게 되었다. 강이식 장군의 제례에는 생소고기를 올린다. 고구려에서도 소고기는 특별한 미찬(美饌)이었다. 1976년 평안남도 남포시 강서구역 덕흥리에서 발굴된 고구려의 벽화에는 소 수레가 그려져 있고 고분의 묘지명에도 소고기 음식이 등장한다.

造萬功曰煞牛羊酒尖米粲　무덤을 만드는 데 만 명의 공력이 들었고,
不可盡掃日食鹽食一樣記　날마다 소와 양을 잡아 술과 고기, 쌀은 다 먹지 못할 정도이다.

불천위不遷位[2] 제사나 향교, 서원의 성현을 받드는 제사에는 날 것 그대로를 쓴다. 생고기의 향을 흠향歆饗한다는 의미이다. 날 것을 차려 받드는 위인을 혈식군자血食君子라고 한다. 이는 유교 경전인 『예기禮記』, 「교특생郊特牲」 제11편에서 "천자의 조상신에게 제사하는 대향大饗에는 날고기를 올리고, 삼헌제三獻祭에는 데친 고기를 올린다."는 규례에 따른 것이다. 어느 집에 "혈식군자가 몇이다."라는 말은 명망 있는 가문이라는 뜻이며 그렇지 않은 집은 종가라 하지 않을 정도였다.[3]

진주 강씨 중 진주에 세거지를 둔 은열공파는 고려 현종 때 강감찬 장군과 함께 거란과의 전투에서 60만 대군을 물리친 혈식군자 강민첨姜民瞻 ?~1021장군의 후손들이다. 고구려의 후예인 강민첨 장군은 진주 향교에서 수학하고 장원급제로 관직에 나갔다. 진주성 내에 위치한 은열사殷烈祠는 강민첨 장군의 탄생지다. 장군의 사후, 고려의 현종임금이 태자태사太子太師 문하시랑門下侍郎을 증직하고 은열殷烈의 시호를 내렸다. 은열공은 조정으로부터 진주 지역에 식읍지 300호를 제수하였으나 진주 백성들의 조세부담이 과중한 것을 염려하여 식읍지를 모두 진주목에 기증하였다.

은열사 경원당에 걸려 있는 주련

2) 국가에 큰 공훈을 세웠거나 도덕성과 학문이 높은 자에 한하여 신주를 땅에 묻지 않고 사당祠堂에 영구히 두면서 제사를 지내는 것이 허락된 신위神位.
3) 온라인 『한국민속대백과사전』, folkency.nfm.go.kr, '혈식군자' 참조.

진주 강씨 가의 불천위 제사상, 생 소고기를 올린다.

은열공 강민첨 장군의 초상
(경상남도 유형문화재 제453호)

1021년 은열공이 세상을 떠나자 진주 백성들이 자발적으로 은열공의 탄생지인 개경향開慶鄕에 은열사를 세워 매년 춘추로 제례를 봉행하면서 은열공의 은혜를 갚고자 했다. 은열사는 진주 최초의 사당으로 경상남도 문화재자료 14호로 지정되어 있다. 은열사에서 올리는 강민첨 장군의 봄제사인 춘향례春享禮에도 생 소고기를 네모지게 반듯이 잘라 진설한다. 제례를 마치면 소고기를 나누었고 이것이 선대로부터 내려오는 진주 육회비빔밥의 효시가 되었다.[4] 조상의 은덕을 기리는 혈식의 문화를 대대로 진주민들과 공유해 온 진주 강씨 문중은 진주비빔밥에 대해 자부심이 강하다. 시장에 비빔밥집이 성행했을 때도 비빔밥만큼은 육회와 제철 나물을 넣어 집에서 만들어 먹었다고 한다.

강문姜門은 조선시대 진주 관아와 교류가 잦았다. 집안의 대소사에는 수령을 초빙했고 목사牧使를 보필하는 군관들을 위한 음식은 별도로 준비하는 전통이 있었다.[5] 반가와 관아와 음식교류는 이러한 풍속에서 비롯되었으며 또한 유교의 전통 의무인 접빈객 문화였다. 육회비빔밥 외에도 '도다리 쑥국' 같은 진주 향토음식이 강문에서 시작된 반가의 내림식이다. 강문 외에도 혈식군자를 배향하는 정문鄭門, 하문河門 등이 있으나 정문에서는 소고기가 아닌 돼지머리 생것을 올리고, 하문은 현대에 들어 수육도 사용한다.

4) 진주 강씨 은열공파 강춘근 대종회장, 강진욱 사무국장 구술.
5) 위와 같음.

1915년 진주 '삼도정육점' 개업과 시장비빔밥

일제강점기부터 육회비빔밥은 진주에서만 맛볼 수 있는 별미였다. 진주 우시장은 18세기에 이미 개설되어 있었다. 2일과 7일에 열렸다. 경술국치 후, 조선총독부는 한우 사육현황과 관리를 체계적으로 실시하여 축우개량사업을 전개해갔다. 한우의 종 현황과 개량 연구가 집중적으로 이루어졌다. 개량 한우는 가격이 저렴했다. 양반의 점유물이던 소고기가 서민에게도 기회가 주어진 것이다. 1934년 11월 12일자 〈조선중앙〉에는 열 달 간 홍남시민이 먹은 소가 1천 두頭에 달해 호의호식을 자제하자는 기사가 실리기도 했다.

1915년 1월 10일, 진주에 개량소고기를 전문으로 취급하는 '삼도정육점森島精肉店'이 문을 열었다. 엿새 후에는 개량소고기가 호평을 받고 있다는 기사가 올라왔다.[6] 1934년 진주의 소고기 가격은 등급별로 100몸메[7]에 각 20전, 25전, 30전이었다. 20전 100몸매면 육회비빔밥 수십 그릇을 만들 수 있었다. 1929년 〈별건곤〉 잡지의 기사대로 비빔밥 한 그릇에 10전이라는 헐한 값에 팔아도 남는 장사였다.

생 소고기
육회비빔밥은 진주에서만 맛볼 수 있는 별미였다.

하얀 쌀밥 위에 색을 조화시켜 나를 듯한 새파란 야채 옆에는 고사리나물 또 옆에는 노르스름한 숙주나물 이러한 방법으로 가지각색 나물을 둘러놓은 다음에 고기를 잘게 이겨 끓인 장국을 부어 비비기에 적당할 만큼 그 위에는 유리 조각 같은 황청포 서너 사슬을 놓은 다음 옆에 육회를 곱게 썰어놓고 입맛이 깩금한 고추장을 조금 얹습니다. 여기에 니러나는 향취는 사람의 코를 찌를 뿐 안이라 보기에 먹음직합니다. 갑도 단돈 10錢. 상하계급을 물논하고 쉽게 배곱흠을 면할 수 잇는 것입니다. 이럿케 소담하고 비위에 맛는 비빔밥으로 길녀진 진주晋州의 젊은이들은 미술의 재질이 만흔 것입니다. 또한 의기義氣의 열렬烈烈한 정신을 길너주는 것입니다.[8]

진주의 시장비빔밥은 삼도정육점의 개점과 맞물린다. <별건곤>보다 앞선 1923년 <개벽지>에 차상찬車相瓚 1887~1946 문화운동가가 진주의 명물인 비빔밥을 먹었다는 기행문을 썼다. 중앙시장에는 비빔밥집이 즐비했다. 1966년 대형화재로 점포들이 잿더미가 되기 전까지 비빔밥과 냉면은 진주의 관광 인프라 역할을 톡톡히 해냈다. 새벽 재첩국을 팔러 온 하동 아지매도, 소금장수 사천 총각도, 나무전 지게꾼들도 비빔밥을 찾았다. 시장비빔밥은 진주의 명불허전이었다. 비빔밥은 일찍이 서민에서부터 양반, 관리들을 대상으로 각기 다양한 차림으로 선보였다. 콩밭 사이 군데군데 심은 콩밭 열무에 된장을 넣어 쓱쓱 비벼 먹는 농부들의 비빔밥도 있었고, 바닷가에는 생선회 비빔밥도 있었다. 고추장이 아닌 겨자장에 비볐다.

진주의 비빔밥은 귀천과 빈부를 구분하는 하나의 잣대였다. 진주비빔밥에 대한 오해는 1970년 황혜성 선생의 자료에 따른 것이다. 황혜성은 전국에 인원을 파견하여 향토음식을 조사하였다. 이 내용이 문화공보국 문화재관리국에서 출간된 『한국민속종합보고서』에 실리면서부터 진주비빔밥의 고정 레시피가 되어 버렸다.

일제강점기 고추장을 넣은 진주비빔밥은 대중화된 시장비빔밥이었다. 냉장고가 없던 시절, 육회의 신선도는 시간이 갈수록 떨어졌고 육회의 비릿한 맛을 상쇄하기 위해 고추장을 넣었다. 나물을 까바지게 무친다는 것도 납득할 수 없는 부분이다. "까바지다"라는 말은 "부피를 줄어들게 하다"는 의미의 경상도 방언이다. 황혜성의 보고서대로 진주비빔밥의 주재료인 고사리, 도라지, 숙주나물, 단배추나물, 무나물 등을 까바지게 무친다면 나물이 뭉개져 밥과 비볐을 때 밥이 질척이게 된다.

6) <부산일보>, 1915년 1월 10일, 16일자.
7) 일본식 단위, 1문匁=3.75g.
8) <별건곤>, '팔도명식물예찬', 1929년 12월 1일자.

진주 교방꽃밥

고사리, 도라지, 숙주나물, 진주 정신 깃든 '진주 꽃밥'

양반의 비빔밥은 달랐다. 싱싱한 육회거리는 언제든지 공수가 가능했다. 백정을 불러 주문하면 당일 도축된 고기가 들어왔다. 고추장의 강한 맛으로 재료 본연의 맛을 덮어버릴 필요가 없었다. 재료를 꽃처럼 얹고 싱싱한 육회와 송이버섯이 화룡점정畵龍點睛이다. 선지국이 아닌 맑은 탕국을 곁들인다. 진주 강문에서 유래된 꽃밥은 반가마다 조금씩 다른 형태로 나타난다. 김해 허씨 가문에서는 육회에 송이버섯을 얹는다. 진주비빔밥의 특징인 속데기를 넣는 문화는 허씨가의 음식이었다. 진양 하씨 가문은 일곱 가지 나물과 육회대신 육전을 올린다. 가장 화려한 꽃밥은 18가지 재료가 들어가는 상촌가의 비빔밥이다. 고려말 문신 상촌 김자수金子粹 선생은 고려시대 장원급제하여 성균관의 총책인 대사성을 지냈다. 사회문제로 부각되던 숭불정책을 반대하는 항소를 올린 인물이다. 후손인 진주의 한학자 고故 김세환 선생이 산청에 효산서원을 건립했다. 전통적인 유학자 집안이다. 5대째 한의학을 이어온다. 상촌가의 꽃밥은 18의 법칙이 전통이고 정석이었다.9) 육회와 송이버섯을 올리고 나물은 계절마다 다르다. 꽃밥은 집안 어른께 올리는 약선 음식이었다. 양기를 보하는 특히 소갈증10)에 좋은 식단이다. 칼로리와 탄수화물이 적고 단백질과 비타민, 무기질, 섬유질의 함유량이 다른 음식에 비해 월등히 많기 때문이다.

9) 90대 진주 토박이 다섯 분의 인터뷰. 공통사항은 18의 원칙과 송이버섯이다. 고추장은 곁들이지 않았다고 한다.
10) 당뇨병.

일제강점기 진주비빔밥

진주비빔밥은 자연산 송이로 산을 두르고 최고급 소고기와 버섯향이 은은히 배어든 산채, 샛노란 녹두묵과 속데기가 어우러진 최고의 맛이다. 반가의 꽃밥 레시피는 관아로 자연스럽게 흘러갔다. 진주성에 경상 감영이 들어서고 도청소재지가 부산으로 이전되기 전, 꽃밥은 조선인 관리들의 별식이었다. 양귀비꽃보다 더 붉은 육회를 올린 꽃밥은 어느 비빔밥도 흉내조차 낼 수 없이 화려하게 피어나 진주성을 수놓았다.

일제강점기, 임진왜란의 상흔이 깊은 진주에서는 일본인을 결사적으로 배척했지만, 불가항력이었다. 1906년 조선 이민을 알선하는 한국권업회사를 비롯해 삼중백화점 등 일본 기업이 득세했다. 천정동 일대 고급 요릿집도 단골손님은 거의 일본인이었다. 진주의 육회비빔밥은 1,200년간 계속되었던 일본인들의 육식금지 문화와 상충되었다. 일인들은 육회가 아닌 고래 고기를 즐겼다. 일본이 육식을 하기 시작한 것은 1872년 메이지 일황이 육식금지령을 철폐한 이후부터다. 메이지 정부는 서양의 근대사상이나 생활양식을 적극적으로 도입하였다. 그중 서구적 영양섭취로서 가장 관심을 끈 것은 바로 식육이었다. 체격이 큰 서양인들을 본 메이지 정부는 부국강병 차원에서 육식을 권장했다. 도쿄 등 대도시를 중심으로 규나베[11]가 엄청나게 인기를 끌었다. 육식은 곧 개화의 상징이었다.

그러나 대다수 국민들은 고기를 먹을 정도의 수입이 없었다. 육식문화와 오랫동안 단절되어 먹는 방법도 알려지지 않았다. 일본의 고기 요리들은 규나베 외에는 독자적인 레시피를 가진 경우는 거의 없고 대부분은 서양에서 들어온 햄버거나 돈가스, 고로케 같은 서양식이거나 현지화 된 것들이 주를 이루었다. 진주비빔밥이 시장으로 간 원인은 육회 외에도 비빔 문화에 대한 이질감 때문이었다. 일본은 숟가락 대신 젓가락을 사용하며 그릇을 손에 들고 젓가락으로 집어 먹는다. 음식을 다 먹을 때까지 최대한 모양을 흩트리지 않는 그들에게 숟가락으로 뒤섞는 비빔밥은 받아들이기 어려웠다. 각종 나물에 들어가는 마늘 냄새도 원인이었다. 일본인들은 조선인을 향해 "닌니쿠쿠사이"[12]라며 고개를 돌리며 조롱했다. "닌니쿠쿠사이"는 조선인을 상징하는 욕이었다.

시장비빔밥

---

11) 소고기 전골.
12) ニンニクさーい.
　　"마늘 냄새가 더럽다"는 뜻.

기생들이 만든
진주비빔밥

기생들이 만든
진주비빔밥

가을걷이가 끝나면 서부 경남의 갑부들은 진주로 모였다. 만석꾼은 기업체 회장격이나, 진주에서는 삼만석꾼은 되어야 부자라는 명함을 내밀 수 있었다. 1950년대까지만 해도, 비봉산 밑 기와집에는 유유자적 누워 기생첩의 가야금 소리를 듣는, 중절모에 백구두를 신은 멋쟁이 갑부들을 흔히 볼 수 있었다. 부호들은 손님들을 초대해 기첩의 음식솜씨를 선보였다. 손님 중엔 진주 출신 예술인들이 많았다. 예술 애호가였던 진주의 부호들은 예인들을 물심양면으로 지원했다. 진주의 풍류가 남긴 유산이었다. 요릿집을 벗어난 꽃밥은 그렇게 기첩들이 명맥을 이어갔다. 일제강점기를 살았던 90대 어른들의 기억 속에서 솜씨가 뛰어났던 진주 기생들의 이름 몇몇이 오랜 흑백필름처럼 화반으로 되살아난다.

상봉동에는 유력인사의 첩실이었던 노기老妓들이 운영하는 비빔밥집들이 성황을 이루었다. 외상제였다. '난희집', '난심이집', '송자집' 등 기생의 이름을 딴 상호를 내걸었다. 가장 매상을 많이 올린 곳은 육회와 단배추나물이 들어간 '난희집'이었다. 속이 꽉 찬 결구배추는 일제강점기에 전래된 것이다. 이전에는 주로 얼갈이 배추인 단배추였다. 단배추는 진주의 특산물이었다. 연하고 맛이 좋아 최영년이 쓴 『해동죽지』에 '옥하숭玉河菘'이라는 명칭으로 기록되어 있다.

나물은 전통방식대로 표고버섯을 자연건조시킨다. 숙주나물은 대가리를 떼고 흰빛으로 넣는다. 죽순과 고사리는 반드시 삶아서 말린다. 영양소 차이가 세 배나 된다. 선조들의 지혜다.

권번은 기생뿐 아니라, 악공들을 양성하던 취고청吹鼓廳, 무속인 조직체인 신당청神堂廳의 구성원들까지 포함한 기관이었다. 신당청은 삼도수군통제영이 있던 통영에 설치되었다가 권번에 통합되었다. 어릴 때부터 권번에서 살았던 남해안 별신굿 예능보유자 정영만 선생은 11대째 세습무다. 권번 스승들의 식사를 담당했다. 진주냉면은 양반의 음식이 아니었고 진주비빔밥은 전통 그대로 배웠다. 진주비빔밥에는 진주 정신이 담겼다. 깊은 땅에 뿌리를 내리는 도라지와 척박한 땅에서도 잘 자라는 고사리, 그리고 숙주나물은 청렴을 상징한다. 시금치는 거름을 주어 기르는 식물이라 불결하다는 인식이 있어 절대 쓰지 않았다.[13]

1981년 제5공화국이 주최한 전 국민 놀이판 '국풍81' 행사에서 전주비빔밥이 등장하기 전까지 비빔밥의 대명사는 진주였다. 산해진미의 재료들을 올리고, 바지락을 다져 참기름에 볶은 보탕국을 양념으로 곁들인다. 콩나물은 쓰지 않는다. 지리산 정상에서 발원한 생수가 흐르는 진주는 수질이 탁월하여 콩나물이 거의 없다. 콩나물은 수질이 좋지 않은 담수를 정화시키기 위해 심는다. 콩나물과 들기름은 평민의 것이고 숙주나물과 참기름은 양반의 것이었다. 진주비빔밥은 전형적인 양반문화다. 밥은 고슬고슬하게 짓는다. 여러 재료를 한데 섞어도 밥알이 뭉치지 않아야 잘 지은 밥이다. 갖은 나물은 서로가 상생할 정도로 간을 헤아려야 알맞다. 육회는 우둔살과 사태살로 만든다. 최상 부위는 눈에 아롱거린다는 아롱사태다. 소 한 마리에서 딱 두 점이 나온다. 산과 바다가 결마다 곱게 내려앉은 한 그릇 화반 속에 진주의 미학이 온전히 담겼다.

13) 중요무형문화재 남해안별신굿 예능보유자 정영만 선생 구술.

질박한 진주목 이순신 밥상, 난중일기를 펼치다

"대들보 동쪽으로 떡을 던진다오.
그 늠름한 풍모를 상상하나이다.
대들보 서쪽으로 떡을 던진다오.
호남과 영남의 명승을 다 포괄했나니
열 두 난간 머리에서 바라보면
눈이 흐릿합니다."[14]

　　　　1889년 5월, 고종은 이순신 사당을 세울 것을 하교하였다. 충무공의 8세손인 이승권 통제사가 기쁨을 이기지 못 해 대들보 얹는 날 상량가上樑歌를 부른다. 고사떡을 나누며 동서남북으로 떡을 던진다. 고수레의 풍습이다. 삼도수군통제영은 한 번 입대하면 살아서는 돌아오지 못 한다 하여 '귀신굴'이라 불렀다. 죽음의 바다에서 피어나는 밥 짓는 연기는 생명에게 건네는 유일한 위로이자, 서글픈 생존의 확인이었다. 난중일기 원문에 기록된 이순신 밥상은 너무도 질박하다. 충무공의 일상식은 밥과 된장, 미역국, 청어 과메기에 무침채[15] 정도가 전부다. 특히 청어는 16세기의 남도 바다가 내어준 큰 선물이었다. 충무공은 총 41만 8,040마리의 청어로 병사들을 먹였다.

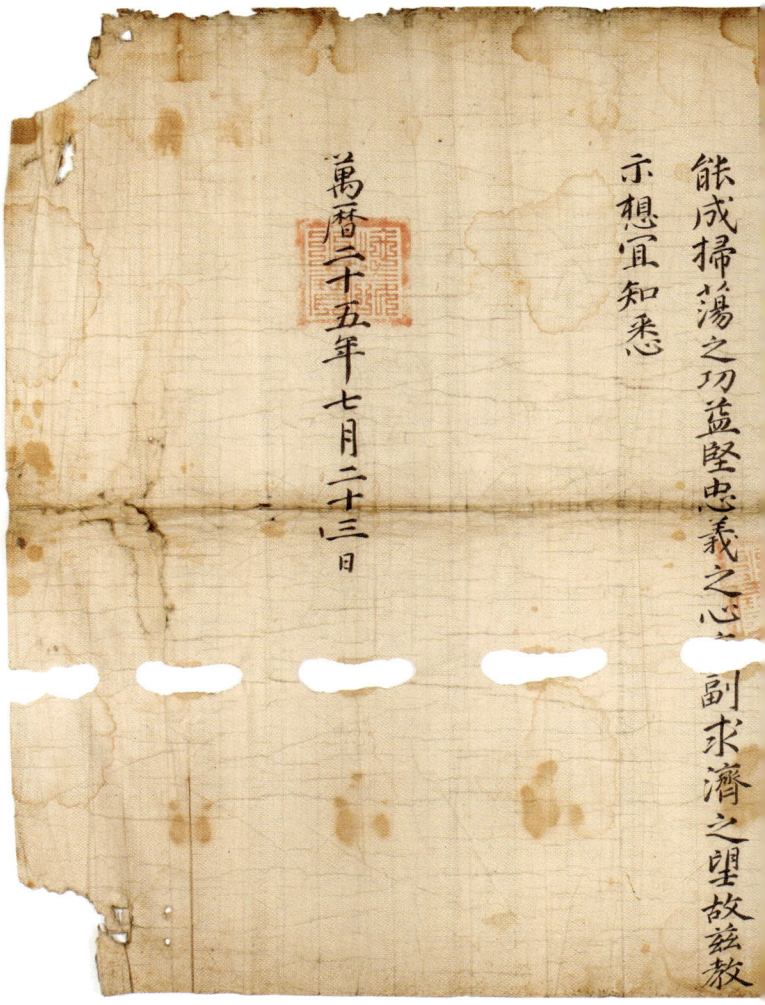

사명훈유교서(보물 1564-3호)
충무공은 진주 수곡면 손경례 선비의 집에서 선조의 교지를 받았다.
(사진 제공 : 덕수 이씨 이순신 종가 최숙선 종부)

王若曰嗚呼國家之所倚以爲保障者惟在於舟師 而天未悔禍兇鋒再熾[...] 一戰之下此後近海城邑誰復屛蔽而閑山已 失賊何所憚燒眉之急迫於朝夕目下之策惟當 召聚散亡收合舺艦急據要害去處儼然作一 大營則流逋之衆知所歸[...]方張之賊亦幾乎 式遏而膺是責者非有威惠智幹素見眼於內 外則昌能勝斯任故惟卿聲名早著於超擢閒 寄之日功業再振於壬辰大捷之後邊上軍情悀爲 長城之固而頃者遞卿之職仍致罪戾之律者亦 出於人謀不贓而致今日敗衄之厚也尙何言哉尙何言 玆今特起卿于衰絰之中授卿以白衣從軍之任 慶尙等三道水軍統制使卿於至日先行招撫搜訪流散 團作海營進扼形勢使軍聲一振則已散之民心可 以復安而賊亦聞我有備不敢肆狷獗卿其勗之戒 水使以下並節制之其有臨機失律者一以軍法斷之 若卿徇國忘身相機進退在於卿試之能予昌敢多

> "청어 천여 두름을 잡아다 널었는데 통제사께서
> 행차하신 뒤에 잡은 것이 1,800여 두름이나 됩니다."[16]

군량미는 외부에서 지원받기도 했지만, 직접 둔전을 경작하거나 청어를 잡아 쌀과 바꾸며 자급자족했다. 메주를 쑤고 질그릇도 구웠다. 기댈 곳 없는 막막한 갯벌에서 미역을 따고 염전물을 끓여 소금도 만들었다. 군영에서는 무가 중요한 식재료였다. 적진에 고립될 경우, 무씨를 뿌려 무청과 무를 식량으로 대신하고 후퇴할 때는 버리고 와도 아깝지 않은 것이 무였다. 이순신은 무밭의 감독관을 정해 따로 보고받기까지 했다.

1592년 임진년 4월 13일. 왜구들이 부산포를 시작으로 남도 일대를 점령하면서 전세는 급박하게 돌아가고 있었다. 새벽 어스름에 선조 임금이 대궐 뒷문으로 빠져나가자 궁지기 중에도 탈영자가 속출했다. 분노한 백성들은 대궐에 불을 질렀다. 한양이 보름 만에 함락됐다. 그러나 옥포해전을 시작으로 충무공이 승전보를 울리며 바닷길을 막았고 육로에서는 의병들이 싸웠다.

> "제사에 쓸 중배끼(중박계) 다섯 말을
> 꿀로 만들어 봉해 시렁에 올려놓았다."

1597년 7월 6일, 맑았던 이순신의 그 날. 충무공이 시렁 위에 올려놓은 중배끼 꿀蜂蜜은 꽃이 좋아 꿀도 많았던 진주에서 보내왔다. 진주목 수령들은 저마다 간절한 심정으로 음식을 바쳤다. 특우 다섯 마리, 소고기 꼬치, 돼지 한 마리, 추로주, 햅쌀, 조, 대구, 수박, 미역, 참기름 같은 것들이 진영에 도착했다. 백의종군 길에 초계[17] 관리가 귀한 연포를 가져왔지만 얼굴에 오만함이 가득했다. 갓 끈 떨어진 전임 통제사를 대하는 그의 표정을 장군은 놓치지 않았다.

1597(정유)년 7월 14일 아침, 문인수라는 자가 와가채와 동아 전과를 가져왔다. 와가는 백합조개이고 채菜는 나물이라는 뜻 외에 반찬이나 술안주의 의미다. 외부에서 가져온 안주이니 탕이 아닌 찜이었을 것이다. 박의 종류인 동아는 전쟁터에서 갈증을 해소하는 데 쓰였다. 명량해전 당시 백성들은 피난선을 타고 이순신의 배 뒤로 따라 다녔다. 피난민들은 배에 가득 실은 동아를 목마른 군사들에게 주었고, 화살이 뚫고 들어오지 못 하도록 이불 백 채를 바닷물에 적셔 전선戰船의 선창에 걸었다.

선조 임금의 몽진
1597년 4월 30일. 선조 임금은 새벽에 몽진(蒙塵 먼지를 뒤집어 쓴다는 뜻으로 임금이 안전한 곳으로 피함)을 시작했다. 하급관리와 병졸들도 식솔들과 도망쳤다. 한양은 보름 만에 함락됐다.
- 진주국립박물관

넷째 마당

1597년 7월 26일, 충무공은 진주목 산청군 단계마을에서 농사를 짓던 박호원의 집에서 유숙하고 이튿날은 수곡마을 선비 손경례의 집에서 묵었다. 백성들이 버선발로 뛰어 나와 장군을 맞았던 수곡 마을에 내려오는 향토음식은 추어탕과 찜국이다. 찜국은 수곡마을 진주 하씨 송정종택의 내림음식으로 들깨 토란탕이다.

전장에서도 삶은 계속됐다. 장군의 일기 속, 때로는 그림처럼 고운 남도의 풍경들이 눈물처럼 고인다. 가을이 드는 바다, 하늘과 바다가 같은 빛깔로 물드는 맑음, 비온 뒤 활짝 핀 산꽃의 향기가 점점이 채색된다. 무참한 시간을 비집고 절기도 어김없이 찾아왔다. 유두날에는 유두면과 보리수단을 만들어 먹었고 동지에는 팥죽으로 온 군사들의 액을 막았다. 약식과 상화병, 국수도 진영에서 만든 특식이었다.

장군을 괴롭힌 고질병은 도와리[18]였다. 뱃멀미로 손상된 위장은 환약인 온백원溫白元을 네 알 씩 삼켜도 나아지지 않았다. 그렇다고 배에서 내릴 수는 없었다. 도와리가 나자 스스로 몸을 차게 한 탓이라 여긴 장군이 소주를 마시고 사경을 헤맨 기록에 안타까움만 더한다. 음식은 아무 것도 드시지 못 했다.

태극박고지 잡채

"날이 채 새기 전에 도와리가 일어나 몹시 앓았다.
몸을 차게 해서 그런가 싶어 소주를 마셨더니
한참동안 인사불성이 되었다.
하마터면 깨어나지 못할 뻔 했다."[19]

14) 『함안총쇄록』 허권수 역.
15) 강짠지.
16) 『난중일기亂中日記』 노승석 역, 여해, 1596년 1월 4일자.
17) 지금의 합천.
18) 토사곽란.
19) 위의 책, 1597년 8월 21일자.

12척 배로 국운을 바꾼 명량대첩의 시작, 진주목 수곡마을

"장형杖刑을 집행한 다음
 백의종군白衣從軍으로 공을 세우게 하라."[20]

선조의 어명이었다. 백의종군이란 계급장을 떼고 군사의 책무를 다하는 것이다. 원균의 모함으로 의금부에 압송되어 옥고를 치른 이순신은 흰 옷으로 상징되는 졸병이 되어 다시 전투에 임하기 위해 600킬로미터가 넘는 길을 걸었다. 참담한 여정이었다. 그러나 가는 길목마다 백성들이 환영하며 가져오는 따뜻한 '밥'이 있었다.

"저희는 사또만 바라봅니다."

백성들의 '밥'은 이순신이라는 등불에 거는 희망이었다. 이순신을 모함해 삼도수군통제사가 된 원균이 거제도 칠천량 전투에서 대패하자, 수만 명의 조선인들이 짐승처럼 줄에 묶여 일본의 노예시장에 전시됐다. 특히 진주성 전투 때 끌려간 진주 백성들이 워낙 많아 일본 교토의 요도강 기슭에는 '진주도晉州島'라는 마을까지 생겼다.[21]
선조는 뒤늦게나마 사과를 표하며 이순신을 삼도수군통제사로 재임명하는 교서를 내린다. 충무공이 사명훈유교서使命訓諭教書[22]를 받은 역사의 현장은 진주목 수곡면 원계마을 선비 손경례의 집이었다. 그곳에서 충무공은 진주목사, 진주 소촌역 찰방과 자정이 넘도록 군사회의를 갖기도 했다.
거북선이 처음 위용을 드러냈던 진주만 사천 바다는 그날의 함성을 기억하고 있을까. 백의종군길에 군사를 점검하고 말을 달리던 수곡마을 진배미 들판은 충무공의 발자국을 간직하고 있을까. 진주에서 15명으로 다시 시작한 이순신의 정예군은 보성에 이르러 120명으로 불어난다.
삼도수군통제사로 재임명 된 충무공은 명량대첩에서 대승을 거두고, 노량해전에서 전사하기까지 23전 23승의 신화를 남기며 조국을 지켰다. 망망한 바다에 서리처럼 내린 차가운 달빛, 충무공은 홀로 임금에게 닿지 않을 우국 충정을 맹세한다.

20) 『선조실록』 21권, 선조 20년 10월 16일자.
21) 『1719년 조선 문인의 일본 견문록』, 신유한, 이효원 편역, 돌베개, 2011, 34쪽.
22) 사명을 수행할 것을 훈유하는 교서.

讐夷如盡滅 雖死不爲辭

오랑캐 왜적을
모두 멸할 수
있다면 죽어도
여한이 없겠다

—

이순신,
진중에서 읊다 陳中吟

바다가 그와 함께 울었다. 과연 난세의 영웅이었다.

진주목 이순신 밥상

진주성 포로,
일본 두부의 새 역사를 쓰다

두부찜

사대事大[23]. 웅달의 한 모퉁이에서 조선의 공녀貢女가 울며 서 있다. 명나라에 바친 진상품 중에는 조선의 처자들이 있었다. 임금이 직접 간택하여 뽑은 양가집 규수들은 황제의 첩이 되어, 황제가 죽으면 순장을 당하기도 했다. 선발된 규수들은 다리를 절거나 몸을 떨며 장애인 시늉을 하기도 했지만 발각되면 큰 화를 입었다. 다른 신분의 여성들도 있었다. 술을 담그나 두부를 만드는 집찬비執饌婢다.

당인두부
(사진제공 : 일본 고치시)

명나라 황제 선덕제(재위 1425~1435)는 세종에게 "이번에 조선에서 보내온 집찬비들의 두부 만드는 솜씨가 지난 번 만 못하니, 영리한 여자 열 명을 뽑아 잘 교육시켜 다시 보내라"고 주문서를 보냈다.[24] 조선의 두부는 명나라 황실에까지 명성이 자자하였다. 그러나 그 명성이 말썽이었다. 임진왜란 때 지원병으로 조선에 온 명나라 군사들이 두부를 요구한 것이다. 전쟁의 혼란으로 군사들의 식사가 제때 지급되지 않자, 명나라 군대는 민가와 관아를 약탈했다.

조정에서는 함부로 백성을 때리고 밥을 빼앗아 먹는 자는 법에 따라 처벌하되, 군사들에게 지급할 식사의 규정을 정했다. 고급 장교에게는 고기, 두부, 채소, 생선자반, 밥, 술 석 잔을 올리는 '천자호반', 초급장교에겐 고기, 두부, 채소, 밥을 제공하는 '지자호반', 일반 군사들에겐 두부, 새우자반과 밥인 '인자호반'이 제공되었다.[25] 주린 채 유리하던 조선의 백성들이 명나라 군사들에게 바친 눈물의 두부정식이었다. 조선의 두부는 진주성 전투에 참가했던 고치시의 영주 조소카베 모토치카長宗我部元親가 조선인 박호인朴好人 일행을 포로로 끌고 가 일본에 전파되었다.[26] 일본 두부의 명가로 꼽히는 당인두부는 600여 년 전 진주성에서 끌려간 박호인의 후손들에 의해 계승되고 있다. 일본식 연두부에 비해 맛도 풍미도 그윽하다. 한줌 수분도 남기지 않고 손으로 쥐어짜 잘못 맞으면 머리가 깨질 정도로 단단하여 구이, 찜 등 다양하게 발달할 수 있었다.

23) 작은 나라가 큰 나라를 섬긴다는 뜻.
24) 『세종실록』 66권, 12월 24일 정묘.
25) 『선조실록』 34권, 1월 12일 정묘.
26) 『조선상식』, '풍속편', 최남선, 동명사, 1948, 168쪽.

사찰에 모여 두부를 먹다, 승려들을 괴롭힌 연포회

　　노비, 기생, 무당, 백정, 공정, 광대, 상여꾼 그리고 승려. 조선의 가장 비천했던 이들八賤들을 불러본다. 태어남이 죄가 되어 천인으로 살아야 했던 이 땅의 그들. 특히 불교국가였던 고려시대에 최고의 대우를 받던 승려들은 유교를 숭상하던 조선에 이르러 신분이 추락했다. 승려 자격증인 도첩을 받기 위해 엄청난 재물도 관에 바쳐야 했고, 병영에서는 승군僧軍을 상비군으로 조직하여 산성지기나 건설현장의 잡역부로 동원했다. 태조 이성계가 지리산 일대의 사찰들에 무거운 세금을 매기자 오갈 곳 없는 비구니들이 기생이 되었다는 쓸쓸한 얘기도 내려온다.

두부는 통일신라시대 당나라로 유학 갔던 승려들이 배워온 사찰의 단백질원이었다. 대표적인 사찰음식이었다. 조선시대 진주에는 사찰이 많았다. 단속사 외에도 쌍계사 등 큰 절집들이 진주에 속했다. 호국불교가 무너지고 사찰에는 엄청난 세금이 부가되었으나 두부를 만드는 조포사造泡寺만은 예외였다. 다산 정약용은 『경세유표經世遺表』 11권에서 사찰에 대한 단호함을 이렇게 썼다.

19세기 화가 성협이 그린 '야연'
- 국립중앙박물관

"오직 남한산성, 북한산성 및 여러 도道에 산성을 수호하는 절과 여러 능陵에 두부를 공급하는 절은 면세토록 함이 마땅하고 나머지는 용서할 수 없다."

승려들을 괴롭힌 것 중 하나가 두부였다. 양반들의 두부 먹는 모임 '연포회'는 주로 사찰에서 이루어졌는데 두부탕의 육수를 내기 위해 닭을 잡았다. 양반들은 살생을 금지하는 승려들의 고충을 외면한 채, 뽕나무버섯과 송이버섯, 후추와 석이까지 넣은 연포탕을 큰 사발로 한바탕 먹고는 모두들 만족했다.[27]

27) 『여유당전서』 제1집 제7권, 시문집, 한국인문고전연구소 심경호 외 역.

넷째 마당

표고버섯 연포탕
1643년 청태종의 죽음을 알리러 조선에 온 칙사들을 위해 조정에서는 상중의 음식이라 고기 대신 두부를 접대하는 소선상을 올렸다.

해학 넘치는 유생과
관찰사의 헛제사밥

헛제삿밥

넷째 마당

관자전

휘영청 달은 밝고 별채에는 유생의 글 읽는 소리 낭자하다. 밤이 깊을수록 출출함은 더해가고 입이 궁금해진 유생, 아무리 떨쳐내려 해도 전유어에 나물과 고기를 한데 비빈 음복飮福이 책 위로 어른거린다. 제사음식은 조상님이 주시는 복을 먹는다 하여 음복이 아니던가. 에라이, 복 한 번 더 받아보세.

"방자 거기 있느냐?
 찬방에 제사 모신 음식이 남아 있는지 보고 오너라."
"어제 모셨으니 아직은 좀 남아 있습죠."

유생의 얼굴에 활기가 돈다. 허나 누구라도 볼라치면 양반의 체모 땅에 떨어질 터니 유생은 제사를 지내는 척 얼른 흰 병풍을 두르고, 눈치 빠른 방자 속히 비빔밥을 올린다. 병풍 뒤에는 신위가 없고 몰래 제삿밥을 먹는 유생만 있다는 해학이다. 진주비빔밥은 애당초 음복 문화에서 시작해 대중 음식으로 발전되어 갔다. 이를 가장 잘 보여주는 예는 진주의 헛제삿밥이다.

"밤마다 제사밥을 얻어오게 하던 관찰사로 진주성 중에도 제사 없던 밤의 헛제삿밥을 향내가 없다 하여 적발하더란 먹돌이 벼슬아치도 있었다지만 토성 강하정 문중을 비롯하여…(하략)."[28]

진주 맛에 반한 경상 관찰사가 사령을 시켜 반가의 제사밥을 가져오라고 했는데 이를 구하지 못한 사령이 제삿밥처럼 만들어 올렸다가 향내가 없어 혼쭐이 났다는 내용이다. 헛제사밥은 나물 서너 가지와 편육, 탕국과 전으로 차려진다. 진주 반가에서 사용하지 않는 콩나물 같은 재료들로 구성하여 시판되니 헛제삿밥은 헛제삿밥일 뿐이다.

28) 『설창수 전집』, 5권, 29쪽.

관서지방의 선주후면과
영남의 진주냉면

조선시대 진주냉면

술을 음식의 하나로 여긴 진주의 입맷상에는 약주와 떡국을 차렸다. 술이 대체로 연한 편이라 아침상에 약주가 올라도 만취하여 하루를 망치는 일은 드물다. 굳이 찬 메밀로 속을 다스릴 필요도 없다. 술을 마신 후 국수를 먹는다는 선주후면은 관서인의 문화다. 이북지방은 추운 날씨에 적응하기 위해 술의 도수가 센 편이다. 이북을 대표하는 술인 감홍주가 40도가 넘으니 한번 마시면 뱃속이 화끈거려 차가운 냉면으로 달랜다. 첫 맛이, 경상도말로 '니 맛도 내 맛도 아닌' 평양냉면은 선주후면의 상징으로 진주냉면과는 태생부터 다르다. 진주는 벼농사가 풍족해 국수보다는 떡국을 많이 먹었다. 잔치에도 떡국을 끓였다.

세면細麵은 지방 관아의 별식이었다.[29] 고기와 야채 고명을 얹은 조선의 골동면은 외국인들에게 이태리 파스타를 만드는 새로운 방법으로 호평을 받기도 했다. 묽은 밀가루 반죽을 바가지틀에 내리던 국수의 형태는 점점 진화하여 조선 후기에는 건국수가 유통됐다. 밀면은 한 타래에 6푼으로 비교적 저렴했다. 값싼 수입밀이 들어오기 전까지 진주에서는 부드러운 토종밀[30]만 사용했다. 진주 특산물인 앉은뱅이밀은 전통음식과 잘 어울려 누룩[31]을 빚으면 맛이 향기롭다. '진주 곡자'는 3대를 이어오는 장인의 손으로 빚어져 전국 최대 판매량을 기록하고 있다.

진주냉면은 이백 여 년 전부터 진주의 사봉면과 이반성면에서 거주해온 진주 정씨 가문의 구황식이었다. 천수답이 유일했던 조선시대, 가뭄이 들면 그야말로 대책이 없었다. 밥 짓는 냄새가 사라져 버린 마을. 가뭄에는 대체작물로 메밀을 많이 심었다. 메밀은 서글픈 구황식품이었다. 선비정신은 군림하는 것이 아니라 정의를 추구하고 새로운 것을 탐구하며 자신을 희생하고 남을 배려하는 정신이다. 정문鄭門에서는 피문어를 삶은 해물육수에 메밀국수를 말아 무김치와 오이를 고명으로 얹어 마을 사람들에게 베푸는 것이 가문의 행사였다.[32] 굶주린 백성들에게 냉면은 감로수와 같은 기쁨이었다. 백성들은 그 특별한 맛을 잊지 못 하였고, 일제강점기 상업이 활발해지자 냉면은 외식 메뉴로 자리 잡게 되었다.

[29] 『Inside the Hermit Kingdom』, George Foulk, 1884.
[30] 앉은뱅이밀.
[31] 곡자라고도 함.
[32] 진주 정씨 대종회 정재수 선생 구술.

두부전을 얹어 먹는
장조림 진주냉면

"진주 냉면은 쇠고기 장조림을 할 때 생기는 국물을 탄 물에 메밀로 만든 국수를 말아 넣고 밤과 배를 채로 썰어 넣은 뒤에 갓 구워낸 두부전을 얹어 먹는다. 진주 냉면은 돼지고기나 쇠고기 그리고 얼음을 넣지 않는 점이 평양 냉면과는 다른데 반드시 해를 묵힌 간장으로 국물의 간을 맞추었기 때문에 그 맛이 담백하고 시원했다고 한다."[33]

1983년 한국브리태니커사에서 발행한 『한국의 발견』은 장조림 간장과 두부전을 얹은 진주냉면을 소개했다. 진주에서는 납일[34]에 꿩을 잡는 풍속이 있었다. 집집마다 사냥한 꿩으로 장조림을 만들어 둔다. 조선간장으로 바특하게 졸여 묵처럼 되직해진 장조림 간장을 한 수저씩 떠 넣어 육수로 사용했다. 꿩고기는 부드럽고 닭처럼 기름지지 않으며 소고기처럼 누린내가 없어 국수에도 떡국에도 활용도가 높았다. 꿩 육수를 내는 것보다 보관이나 비용면에서 효율적인 것이 장조림이었다. 꿩은 먹이가 떨어져 비실거리기 시작하는 겨울이 사냥철이다. 진주 관아에서 정한 백성들의 요역[35] 중에는 꿩 1,407마리가 품목에 있다. 추운 겨울, 백성들은 산속을 찾아다니며 관아에 바칠 꿩을 잡았을 것이다. 꿩이 멸실 위기에 처하자, 꿩 대신 소고기가 되었다.

---

33) 『한국의 발견』, 경상남도 편, 뿌리깊은나무, 1983, 183~184쪽.
34) 동지 후 세 번째 미일 未日.
35) 국가가 백성의 노동력을 무상으로 징발하던 수취제도.

넷째 마당

장조림 냉면

후추와 잣, 매실로 양념한 관아의 냉면

진주의 대평면은 진양호가 생기기 전까지 온통 무밭이었다. '대팽무시'라고 하는 대평면의 토종무는 살이 깊고 맛이 달다. 관아의 별식이었던 냉면은 당시 고조리서인 『규합총서』의 레시피였다. 동치미국물에 후추와 잣을 얹는다.[36]

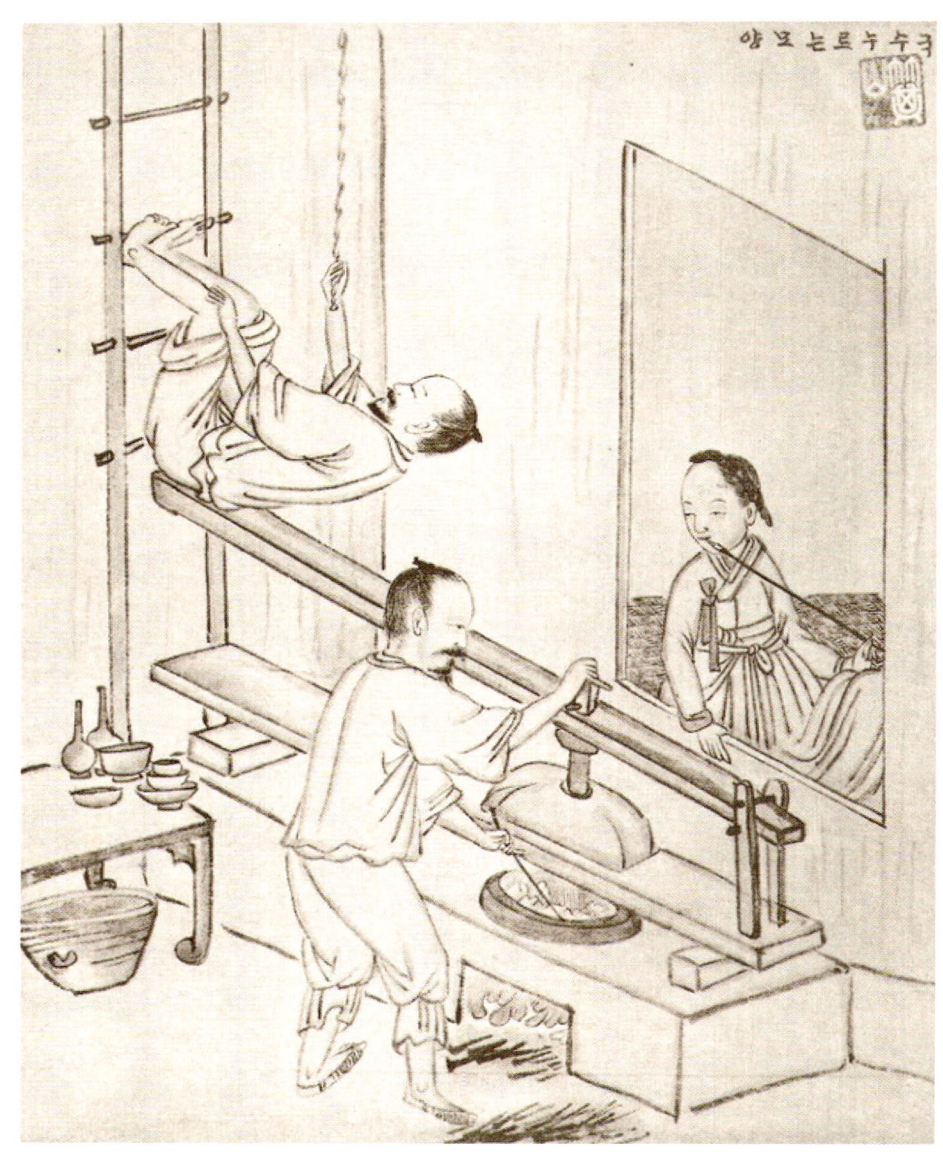

기산 김준근의 풍속화
'국수 누르는 모양'

넷째 마당

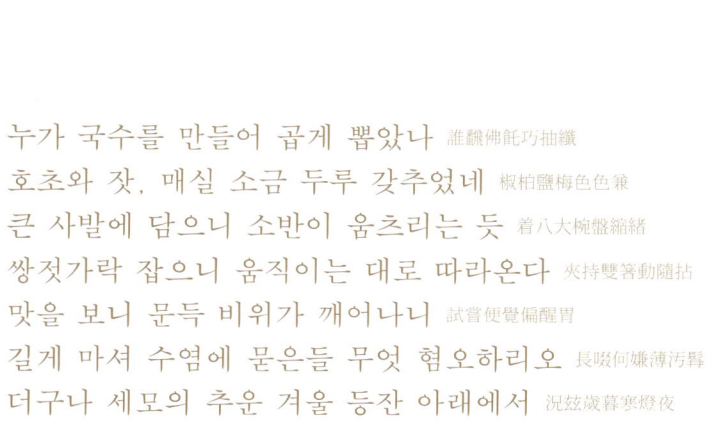

누가 국수를 만들어 곱게 뽑았나 　誰撥佛飥巧抽纖
호초와 잣, 매실 소금 두루 갖추었네 　椒柏鹽梅色色箋
큰 사발에 담으니 소반이 움츠리는 듯 　着八大椀盤縮緒
쌍젓가락 잡으니 움직이는 대로 따라온다 　夾持雙箸動隨拈
맛을 보니 문득 비위가 깨어나니 　試嘗便覺偏醒胃
길게 마셔 수염에 묻은들 무엇 혐오하리오 　長啜何嫌薄汚髥
더구나 세모의 추운 겨울 등잔 아래에서 　況玆歲暮寒燈夜
별미의 향기 한 배나 더하누나 　異味奇香一倍添[37]

1898년 진주부 고성군 수령 오횡묵이 기록한 냉면은 겨울철 음식이었다. 간장이 아닌 백염매로 간을 맞추고 후추와 잣을 띄워 멋을 냈다. 진주냉면의 원조인 진주 정씨 가문의 소박한 냉면, 조선후기 관아의 냉면, 백성들의 꿩 장조림 냉면, 해방 전후 음식점의 냉면, 현대의 해물 육수 냉면은 각기 다른 방식이었다.

36) 『부인필지婦人必知』에는 "동치밋국에 국수를 말고 무와 배와 유자를 얇게 저며 넣고 제육을 썰고 계란을 부쳐 채 처넣고 후추와 실백자(잣)를 넣는다" 하였다. 빙허각憑虛閣 이씨李氏가 쓴 『규합총서閨閤叢書』의 내용을 추린 것이다.
37) 『고성총쇄록』, 허권수 역.

1920년 진주에 기코만 장유공장이 설립되다

슴슴한 동치미 국물에 말아먹는 평양냉면처럼, 진주의 냉면도 비빔냉면이 아닌 물냉면 형태로 만들어졌다. 그러나 메밀에 녹말을 섞은 돌덩이 같은 반죽을 장정이 죽을힘을 다해 눌러야 냉면 한 타래를 만들 수 있었던 재래식 국수틀은 생산성도 낮았지만 뜨거운 가마솥을 밑에 두고 천장까지 기어 올라가 사력을 다해 공이를 누르는 장정의 땀과 천장의 그을음이 뚝뚝 떨어져 위생상의 문제가 발생하기도 했다. 1930년대는 냉면의 혁명기였다. 1932년 함흥철공소 사장이 쇠로 만든 국수기계를 개발해 대량생산이 가능해 진 것이다. 1938년 설립된 삼성의 모태인 삼성상회도 출발은 국수공장이었다. 자전거가 도입되면서 배달까지 용이해지자 전국이 누들 로드가 되었다. 진주냉면이 문헌상에서 발견되는 것은 현대에 들어서다.[38] 관아가 폐지되면서 숙수가 독립하여 옥봉동에서 냉면을 뽑았다거나 한량들이 기생과 야참으로 냉면을 먹었다는 것은 근거가 희박하다. 아무리 배가 고파도 기생은 요릿집 손님상에서는 절대 음식을 입에 대지 못 하는 것이 진주 권번의 엄격한 규율이었다.[39]

1920년 일본 간장의 대명사인 기코만과 루마표 장유공장이 진주에 설립되었다.[40] 1910년 국내에 상륙한 일본의 아지노모토가 이미 1920년대에 서울에 냉면집을 개점하여 조미료 육수로 대대적인 성공을 거두었고 겨울철 음식이던 냉면을 사시사철 음식으로 바꾸는데 기여했다.

38) 1972년 이병주의 소설 『지리산』, 1985년 이성우의 『한국요리문화사』, 1994 북한에서 발행된 『조선의 민속전통』.
39) 『진주기와 논개의 후예들』, 전통문화연구 제2집, 이경복.
40) 『진주대관晋州大觀』(1913~1940), 가쓰다 이스케勝田伊助.

당시 진주에서 유행한 일본 간장은 일제가 전쟁을 치르기 위해 급조한 산분해간장으로 콩깻묵 같은 것을 단시간에 식용 염산으로 발효시킨 단 맛의 화학물질이었다. 기코만 간장은 새롭게 선보인 획기적인 화학조미료로 진주의 맛을 변질시킨 주역이었다.

진주의 냉면집은 해방 전후로 배달이 밀리고 밀릴 정도로 성업이었다. 그중 소고기 편육과 배고명을 얹은 수정집 냉면이 가장 인기였다. 한국전쟁 이후 중앙시장통에서 몇몇 냉면집들이 명맥을 이었으나 1966년 시장의 대형 화재로 모두 소실되어 진주냉면은 자취도 없이 사라지고 말았다. 2003년 진주시청은 지역 관광상품 개발을 위한 대규모 행사를 계획하면서 진주냉면을 새롭게 기획했다. 다시 새 옷을 입은 진주냉면은 해물육수에 육전을 얹는 형태로 진주의 향토음식이 되어있다.

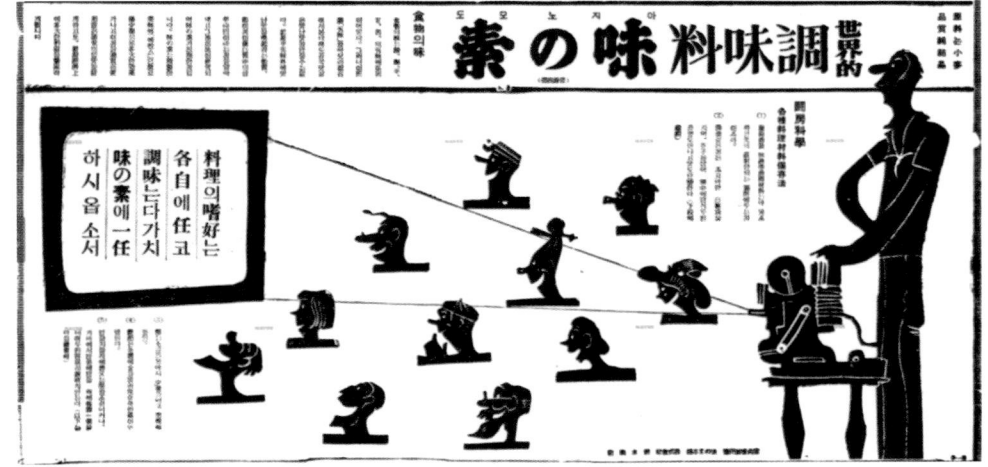

1930년대 냉면이 대중화 되는데 '아지노모토', '기코만' 등 일본의 조미료가 큰 기여를 했다. 일제강점기 당시 신문에 실린 아지노모토의 광고

한우의 조상이 된 물소, 진주에 소고기 문화를 심다

소고기육회

그놈이 왔다. 금송아지였던 물소 두 마리. 명나라가 퇴짜를 놓을 때마다 번번이 고배의 쓴 잔을 마셔온 세종이었다. 물소뿔은 최고의 군사무기였다. 명나라가 조선의 수입 요청을 거절한 것도 무리는 아니었다. 1427년, 뜻밖에도 백제 계통의 일본 호족이 유구국[41]에서 수입한 물소를 조선에 바친다. 2미터나 되는 물소 뿔을 본 세조는 뛸 듯이 기뻤다.

"이제 장궁(긴 활)을 만들어 군사력을 키울 수 있게 되었도다. 종묘사직이 보우하사 조선을 지키는도다! 이 귀한 녀석들을 후히 대접하고, 병들지 않게 우의牛醫가 돌볼 것이며, 추위를 못 견디니 따뜻한 남쪽에서 기르다가 봄에 데려오도록 하라."

어명이었다.

임진왜란 이후, 최첨단 무기였던 조총에 밀려 값어치가 떨어진 물소는 따뜻한 남쪽지방에 분양되어 우리 소와 교배가 이루어졌다. 그렇게 탄생한 한우는 명실공히 동북아 최고의 자리에 오른다.[42] 1903년 러시아 민속학자 세로셰프스키는 황실지리학회 탐사대의 일원으로 조선을 여행하면서 개화기 조선의 풍습을 구체적으로 조사했다. 그는 한우가 단일종이 아닌, 여러 종이 있으며 물소와의 교배가 이루어졌다는 사실을 확인했다. 한우의 큰 키와 강인함, 큰 활동성을 물소와의 교배 때문으로 보았다.[43] 진주목이었던 함안의 습지대에는 아직도 소를 키운 흔적들이 지명으로 남아 있다.

"함주지咸州誌에 방목촌放牧村이란 동명洞名과 수우방목水牛放牧이란 것이 있고, 시장조市場條에도 방목시장放牧市場이라 하였다. 방목은 제방축조 이후 옥토를 이루었으나 그 이전에는 저습지여서 홍수 때마다 물이 범람하는 초생지였다고 하며, 해방직후에도 홍수로 한밭들이 물에 잠기어 본동과 중검 간에 배를 타고 건넜다고 전한다. 방목이란 글자 그대로 가축을 놓아 먹이는 곳으로 옛날 문암門岩 산인에서 소가 뛰쳐나와 방목에서 풀을 먹고 지금의 돈산동에서 똥을 누었다는데, 이곳을 돈데미 또는 똥뫼라고 불렀고 물을 먹기 위해 소바구牛岩로 갔다고 전한다."[44]

---

41) 오키나와.
42) <주간동아>, '물소와 교배로 동북아 최고 소가 된 한우', 김동진 박사 인터뷰, 2018년 5월 17일자.
43) 바츨라프 세로셰프스키, 『코레야 1903년 가을』 김진영 역, 개마고원, 2017.
44) 함안군청 홈페이지
https://www.haman.go.kr/04198/04220/04931.web

넷째 마당

동성동에서 진주성 동문으로 가는 길목은 조선시대 소전 거리였다. 진주 우시장은 서부경남 일대를 관할할 만큼 규모가 컸다. 대규모 도축이 가능했다. 진주 소의 역사를 추적해 올라가면 한우의 조상격인 물소가 늠름히 버티고 있다. 진주에 소고기 문화를 심은 것은 세조 임금 때 상륙한 물소였다.

바싹불고기

양반의 소고기,
백성의 돼지육수,
거지의 잡탕

단원 김홍도의
<행려풍속도> 중
'난로회'
- 국립중앙박물관

넷째 마당

각 부위별로 백가지 맛이 난다는 천하의 백미白眉는 역시 소고기다. 조선시대 소고기는 양반의 전유물이어서 추운 겨울날 야외에서 소고기를 구워먹는 '난로회'까지 성행했다. 진주 관아에는 소고기가 흔했다. 갈비, 불고기, 너비아니, 육회와 육포는 물론 육전과 장조림에 이르기까지 진주 꽃상에는 유난히 소고기 음식이 많다. 그러나 백성들에게는 역시 그림의 떡일 뿐이었다. 마을의 신을 모시는 당산제堂山祭에만 관아의 허락을 받아 소를 잡았고 제사가 끝나면 비용을 부담한 만큼 고기를 나누었다. 중상급의 집조차 아이 손바닥만 한 점이 주어졌다. 구이는커녕 국을 끓이기에도 모자란 분량이었다.

백성들은 양반가의 잔치를 손꼽아 기다렸다. 반가에서 돼지를 잡는 날에는 양푼을 들고 줄을 섰다. 가마솥의 돼지 삶은 육수를 얻어가 시래기를 넣고 된장국을 끓여 먹는 날이다. 거지들도 마찬가지였다. 양반집 잔치가 끝나면 남은 음식들을 얻어와 한데 넣고 끓였다. 거지탕은 현재 곱게 부친 각종 전과 싱싱한 해산물이 듬뿍 들어간 진주의 고급 향토음식이 되었지만, 시작은 진주 거지들의 잡탕이었다.

진주 거지탕

양반과 기생이 남긴 풍류
진주교방꽃상

아름다움에 반하고
맛에 취하다

다섯째 마당

반가班家의 자존심,
진주 사대부집 차림상

사랑채와 안채, 가사를 분담하다

단원 김홍도의 <행려풍속도> 중 '후원유연' 일부
- 국립중앙박물관

반가의 음식은 가문의 상징이자 자부심이다. 제사를 받들어 모시는 봉제사奉祭祀와 손님을 대접하는 접빈객接賓客은 사대부가의 절대적 가치였다. 집집마다 손맛도 달랐고 떡에 찍는 문양도 달랐다. 문양을 바꾸려면 종친회의 허가를 받아야만 가능했다. 남성은 사랑채에, 부녀자는 안채에 거하며 역할을 분담했다. 집안 경영의 총책임자는 남성이었고 안채의 부녀자는 실무자였다. 병조판서를 지낸 정문부 선생의 현손인 진주선비 정상점鄭相點 1693~1797은 집안 부녀자들이 알아야 할 술과 음식 만드는 법을 적어 한글 조리서인 『중궤방中饋房』을 편찬했다. 서문만 내려온다. 봉제사, 접빈객, 효를 위한 목적임을 분명히 적고 있다.

"안채에 거처하면서 술이나 마실 것을 관리하여 음식을 제공하는 것이 부녀자들이 할 일이다. 이제 술 담그는 법 및 음식 만드는 방법 등 몇 가지를 한글로 베껴서 부녀자들이 보도록 『중궤방』이라고 이름을 붙였다. 그 뜻이 어찌 한갓 음식 잘 만드는 데 있을 따름이겠는가? 반드시 부모님을 충실하게 봉양하고 제사의 도리에 정성을 다하도록 하려는 것이다. 또 손님들에게 음식을 제공하는 데 이르러는 다 그 마땅함을 얻어 혹시라도 어긋남이 없도록 하려는 것이다."[1]

1) 『불우헌문집不憂軒文集』, 정삼정 저, 허권수 역, 동문당피앤아이, 2009.

다섯째 마당

작자미상, 20세기,
<사람의 일생>
- 국립중앙박물관

선비의 멋
오롯한 진주의
누정樓亭문화와
따뜻한 안주
신선로

신선로

"진주의 아름다운 산천은 영남에서 제일이다 晋陽溪山勝致 嶺南第一"[2]

누정은 사대부들의 대표적인 풍류의 장이었다. 바람 한 닢조차 시詩가 되는 진주의 누정은 『진양지』에 기록된 것만도 수백 개나 되었다.[3] 누정에서는 문장을 짓고 즐기는 크고 작은 시회詩會가 자주 열렸다. 특히 진주는 영남 사림의 구심점이었던 남명학파의 주요 활동 무대로서 사림파의 친목계가 성행하였다. 1489년 진주목사를 비롯해 전·현직 수령 31명이 촉석루에 모여 제세치국평천하濟世治國平天下의 이상으로 맺은 금란계金蘭契가 시초다. 이 모임은 리더였던 김일손1464~1498이 '조카 단종을 폐위시키고 왕위에 오른 세조를 비난하는 글'을 실록 초고에 올림으로써 영남 사림들이 대거 숙청된 무오사화의 시발점이 되기도 했다. 이 사건에 연루된 문신 정희량이 유배에서 풀려나자 화로 하나를 발명해 전국을 신선처럼 떠돌며 야채를 끓여 먹었는데, 그가 죽자 특이한 모양의 화로를 신선로라 부르게 되었다고 한다.

선비들은 누정에 모여 시를 짓고 퉁소를 불며 거문고를 뜯었다. 화려한 누대에서 기생을 불러 점고했다. 냇가의 물고기, 돌 사이 버섯이 소반에 가득하다. 물소리, 산빛깔 속에 샘물 길어 차 끓이고 과일을 따서 먹으니 지상의 신선이 따로 없다. 솔향 그윽한 찻물이 끓을 무렵 머리 땋은 어린 동자 점심을 대령한다. 신선로는 사신접대에서부터 선비들의 조촐한 술상에 이르기까지 등장한다. 특히 겨울철 정자에서 운치를 느끼며 먹기 좋은 따뜻한 안주였다. 1803년 11월 14일 통군정 『계산기정』 제1권 출성出城 편에는 "통군정의 연회에서 술이 두어 순배 돌아가고 나서 신선로를 마련하여 한 잔 마시고 달빛을 받으며 돌아왔다"고 하였고 이유준 저서 『몽유연행록』에서 사신접대에 대해 다음과 같이 적었다.

"얼마 후 다담상을 내왔는데 왼쪽에는 곁상을 놓고 오른쪽에는 신선로를 놓았다. 기둥 밖에 또 큰 상을 차렸는데 채화가 가득 꽂혀 있었다."

신선로는 손이 많이 가는 음식이다. 재료들을 엄선해 자로 잰 듯 반듯하게 썰고 색을 맞춰 가지런히 돌려 담는다. 육회를 바닥에 깔고 정성껏 빚은 완자에 전을 부쳐 올린다. 산해진미가 한 그릇에 있다. 참숯으로 끓인 깊은 풍미의 탕에 별미들을 하나씩 맛본 후엔 면을 넣어 끓이기도 한다. 재료에 따라 고기 신선로, 해물 신선로, 면 신선로 등 다양한 차림이 될 수 있다. 수십 가지 재료로 만든 진주의 교방 신선로는 그 자체만으로 입이 즐거워진다. 꽃상 위에 오르는 또 하나의 작은 꽃상이다.

촉석루 내부
'영남제일형승' 현판이 걸려있다.

---

2) 『파한집破閑集』, 이인로李仁老 1152-1220.
3) 1632년 완성된 『진양지』, 1932년 발간된 『진양속지晋陽續誌』, 1967년에 발행된 『진양속지증보晋陽續誌增補』.

답례의 상징이 된 양반고기
'잉어'

"강주[4]에서 누가 흰 옷 입은 사람을 보냈을까.
편지와 함께 잉어를 싸서 보내왔네.
산남의 육해진미 얼마나 진귀한가.
한 밤중 늦은 잔치 벌어져 모든 객들 맛있게 먹는다오."[5]

단원 김홍도의 '고기잡이'
- 국립중앙박물관

잉어회

양반들은 집안의 행사가 있거나 좋은 음식이 있으면 관아로 보냈다. 종놈이 한 짐을 지고 오더니 수령 앞에 풀어놓는다. 진주 반가에서 보낸 편지와 음식이 한 가득이다. 한밤중에 난데없는 잔치가 벌어진다. 산 잉어를 물동이에 담아 선물로 보내는 것은 진주 양반들의 풍습이다. 흙내를 제거하려면 서너 시간 물에 담가야 하기에 물동이 째로 보내곤 했다. 잉어는 큰 감사를 표할 때 주고받는 답례의 상징이었고 수염이 달려 '양반고기'라고도 했다. 잉어는 푹 고아 원기를 돋는 보양식으로도 먹었고 매실과 매운 양념으로 통째로 찌기도 한다. 남강보다 더 맑았던 섬진강 잉어는 주로 양반들의 차지였다. 잉어는 갑옷처럼 단단한 비늘을 긁고 현란한 솜씨로 통째로 회를 뜬다. 호사가들은 꿈틀거리는 주둥이에 담배를 물려 잉어 몸통에서 연기가 피어오르는 광경을 즐겼다고 한다.

4) 진주의 옛 지명.
5) 『함안총쇄록』, 허권수 역.

두텁떡의 원조,
시안Xion의 필라饆饠

"운사韻士들과 춘향전을 노래하며
 목맥, 탄평채, 필라, 냉면 등 두 차례에 걸쳐 먹었다."[6]

양반들의 모임에는 수령이 기생을 동원해 직접 음식을 보내기도, 백일장을 열어 같이 어울리기도 했다. 필라饆饠는 페르시아어인 'Pilaw'의 음을 그대로 본 따 만든 한자어다. 당나라의 수도였던 시안은 실크로드의 출발점으로 동서양의 문화가 만나는 교통의 요충지였다. 비단길을 따라 이슬람 회족들이 이주하면서 아랍, 페르시아 음식들도 전파됐다. 당나라 고분에서 출토된 필라는 도넛 모양의 과자이나, 이슬람의 필라는 쌀이나 밀가루를 재료로 매우 다양한 형태로 발달했다.

중동의 필라우Pilau와 우즈베키스탄의 필라우Pilaw 등은 볶음밥이고 러시아의 피로시키Пирожки, Pirozhki, 폴란드의 피에르기Pierogi는 튀김만두다. 필라는 헤이안 시대 710~784에 일본으로 건너가 화과자가 되었고, 우리에겐 두텁떡이 되었다. 근대에 들어 중국에서는 월병, 튀김만두, 라이스롤 형태의 전병 모두를 필라로 총칭하는데 게살을 넣은 해필라蟹饆饠는 전병이고, 꽃모양의 만두인 화필라花饆饠는 딤섬 종류다.

다섯째 마당

진주 유자두텁떡
두텁떡은 모양이 두꺼비처럼 생겼다 하여 붙여진 명칭이다. 찹쌀가루에 진주의 진상품인 유자를 가늘게 채쳐 대추, 잣 등의 고명을 팥소에 섞어 찐다.

다섯째 마당

수십 개 쟁반 가득, 음식을 부조하다

진구절판
양반가가 대소사를 치를 때 이웃끼리 음식을 부조하는 풍습을 '반과', 진주에선 '호궤'라고도 했다

양반가의 잔치는 꽃 피고 달 오르는 날 원만하게 치러졌다. 하루 전날 친지들이 보낸 음식들이 들어오고 과방은 며칠 전부터 북적댄다. 고을의 솜씨 있는 이가 과방지기로 초대되고 안주인은 문지방이 닳도록 과방과 안채를 드나들며 챙긴다. 저마다의 비법을 고집하는 아녀자들 사이 작은 소란도 잔치의 양념이다. 잡음도 고성도 잔치분위기에 술렁인다. 동쪽 집 잔치에는 서쪽 집에서, 서쪽 집의 대소사에는 동쪽 집에서 음식을 부조했다. '반과飯果' 혹은 '반지음식'이라고도 한다. 조선 후기 문신 이옥1760~1815이 목격했던 진주권의 풍속을 보자.

"큰 쟁반에 과일, 생선, 고기가 네다섯 혹은
 예닐곱 그릇이다. 잔치가 끝나면 이번에는
 대소사를 치른 집에서 밥과 국, 나물, 어육과
 전유어 등의 반찬을 쟁반에 담아 돌린다.
 가난한 집은 일고여덟 그릇, 여유 있는 집에서는
 열대여섯 그릇, 대가大家에서는 쟁반이 삼사십 개나
 되었다. 수저를
 갖추고 노란 유지를
 덮어 가져간다.
 호궤犒饋라고 한다."7)

부담이 될까 하여 초빙에 응하지 않은 수령에게 푸짐한 호궤 음식이 도착한다.

"이 날에 잔치 음식을 봉하여
 보낸 것이 심히 많고 또 맛있었다.
 부서진 위장이 깨어서 회복되어
 배가 다시 불룩하네."8)

7) 『이옥 전집』 1권, 실시학사 고전문학연구회 역, 소명출판, 2001.
 '호궤'는 『예서禮書』에 나오는 단어다. 음식선물, 대접 등을 뜻한다.
 임금이 군사들에게 특별히 음식을 내릴 때도 '호궤'라 했다.
8) 『함안총쇄록』, 허권수 역.

"술잔은 여섯 번 돌리고
안주는 다섯 번 올린다"
- 사대부 술자리 예법

"1품 이하 대부·사 공사연악은 첫째 잔과 조를 올리면 녹명을 노래하되 금강성조를 사용한다. 초미와 둘째 잔에는 오관산을 노래하고, 2미와 세째 잔에는 관저를 노래하되 자하동조를 사용하며, 3미와 네째 잔과 음식을 권하여서는 3현을 연주하고, 4미와 다섯째 잔에는 방등산을 연주하며, 5미와 여섯째 잔에는 칠월편을 노래하되 낙양춘조를 사용한다."
- 『조선왕조실록』, 태종2년(1402년) 6월 5일

유교에서 예禮와 악樂은 천지의 조화이고 질서를 이루는 근본이다. 사대부들의 술자리는 조정에서 엄선한 예법과 음악이 정해져 있었다. 술잔은 여섯 번 돌아가고 안주인 미수행과味數行果는 코스별로 다섯 번에 걸쳐 차린다. 담 너머 조선시대 계회를 엿보자. 주지육림의 향연이다. 소리 또한 맛에 멋을 더하니 여흥의 극치요, 사치의 절정이다.

9) 녹명은 우는 사슴에게 물을 주듯, 임금이 신하를 챙긴다는 내용이다. 임금이 여러 신하와 귀한 손님에게 잔치를 베풀고 사신을 송영하는 데 부른 노래였는데, 1품 이하 사대부들의 연회와 향교의 향음주鄕飮酒에도 쓰였다.

다섯째 마당

첫 잔과 과일 안주

初盞及進俎, 歌 <鹿鳴>, 用 <金剛城調>

오랑캐가 개성을 침범하여 궁궐을 불태웠어도,
우리 임금 다시 나성羅城을 구축하니
어찌 기쁘지 않으리요
- 〈금강성조金剛城調〉 중

자리를 좌정하면 첫 잔이 돌아간다. 소리 기생은 녹명[9]을 노래하고, 때는 창소리가 별빛을 머금기 시작하는 저녁이렷다.

"좌중에 할 말 있소.
 오늘 시회로 다시 모여 반갑소이다.
 제가 먼저 잔을 올리겠습니다."

주인이 술잔을 올리면 기생이 배숙(향설고)을 대령한다. 한입 베어 무니, 수분이 가득하고 단 맛이 향기롭다. 가히 진주의 특산품이다.

향설고

교방 백단자김치

2잔 초미

初味及二盞, <五冠山>

나무토막으로 조그마한 당닭 새겨 젓가락으로 집어다가 벽에 앉히고
이 닭이 꼬끼오 울릴 때야 어머님 얼굴 저물녘에 이르소서

두 번째 잔에는 고려시대 오관산 밑에 살던 효자 문충이란 자가 효를 담아
지은 노래가 흐르며 본격적인 안주상이 나온다.

"관자가 물이 좋을 때입니다. 전유어 좀 드시지요."
"초장 맛이 그만이외다."
"수년 전에 담근 감식초가 맛이 제대로 들었나 봅니다. 어허…"
"김치도 연하고 사각하니 맛이 좋습니다."
"배추 어린 속대를 숙성시킨 단자김치입니다."

3잔 2미

二味及三盞, 歌 <關雎>, 用 <紫霞洞調>

세 번째 잔이 돌아간다. 서로 안주를 권하며 주나라 문왕의 후비를 노래한 <자하동조>를 부르며 두 번째 안주상을 받는다. 빈객들의 얼굴에 기쁨이 넘친다.

"이 댁 음식이 최고로소이다.
 이 전복탕수는
 처음 먹어봅니다."
"안채에서 신경을 좀 쓴
 모양입니다.
 생선탕은 누치외다.
 오늘 종놈이 삼천포에서
 가져왔다 들었소."

전복탕수

4잔, 3미
三味及四盞, 侑食, 三絃

네 번째 잔에는 서로 음식을 권하며 거문고, 가야금, 향비파의 삼현三絃으로 풍류를 더하니 취기가 고조된다. 가야금과 창唱이 조화롭게 흐른다.

> "좋은 음식이 약이라 하였으니,
> 떡이며 과자가 진귀하외다.
> 모두들 이 아름다운 맛을 즐겨보십시다."

참돔회

조선잡채

5잔 4미

四味及五盞, <方等山>

다섯 번째 잔과 안주상을 받으면 방등산이 울린다. 신라 말기, 장성에 위치한 방등산에 도적떼가 많아 아녀자들이 많이 잡혀갔는데, 자신을 구해주지 않은 지아비를 원망하는 내용이다.

"소고기가 연하니 맛이 좋습니다. 비법이 무언지요?"
"고기를 차게, 뜨겁게 바꾸어가며 부드럽게 만들어.
 눈 오는 밤에 먹는다 하여 설야멱이라 하외다.
 이 겨자 잡채도 좀 드셔보시지요."

6잔 5미

五味及六盞, <七月篇>, 用 <洛陽春調>

여섯 번 째 음악인 <낙양춘조>는 궁중 연행에서 임금님께 탕을 올릴 때 사용했고, 영조 이후에는 신하가 임금을 배례拜禮할 때 연주했다. 장중하고 느린 선율을 따라 취기가 오른다.

진구절판

다섯째 마당

은장도를 들어 만두피를 가르다,
피날레를 장식한 대만두

마지막 안주는 대만두다. 은기의 뚜껑을 열면 김이 모락모락 나는 복주머니처럼 커다란 만두가 들어있다. 주빈이 은장도로 만두피를 가르면 여러 개의 알만두들이 나란히 앉아있다. 이것을 하나씩 나누며 결속을 다지는 피날레다.

부잣집 도령 출신 허균은 맛난 음식을 많이 먹다가 유배를 가게 되자, '도축간을 바라보며 질겅질겅 씹는다'는 뜻의 '도문대작屠門大嚼'을 썼다. 허균은 대만두를 의주 사람들이 잘 만든다고 했지만, 꿩으로 만든 생치만두는 산이 높아 꿩이 많이 잡혔던 진주의 별미이기도 했다. (허균은 진주에 와본 적이 없다.) 꿩은 육수를 내기도 했으며 만두 속의 재료로도 사용했고 갖은 양념으로 맛있게 간을 해 햇볕에 말리면 좋은 안주가 됐다. 특히 꿩고기를 얇게 저며 차가운 돌에 얹어 얼린 '동치회'는 겨울철 양반들의 별식이었다. 꿩 잡는 매는 꿩이 푸드득 나는 찰라, 시속 300킬로미터로 날아가 귀신같이 꿩을 잡는다. 매는 사냥으로 '잡는 것'이 아니라 하늘에서 '받는 것'이라 했을 만큼, 매사냥은 조선시대 남성들의 3대 로망이었고 스릴 만점의 스포츠였다. 1응鷹, 2마馬, 3첩妾이라 했으니 첫 번째 즐거움은 매사냥이요 두 번째는 말 타기며 세 번째는 축첩이었다.

술자리가 파할 무렵, 〈한림별곡〉이 울려 퍼진다. 휘영청 달밤에 취기 오른 유생들이 한 목소리로 한림별곡을 노래한다. 고려가사인 한림별곡은 조선시대 귀족 모임의 애창곡이었다.[10]

시가詩歌를 인격 수양과 학문 연마의 수단으로 여긴 퇴계 이황은 한림별곡류의 가사가 영 마땅치 않았다. "교만하고 방탕한 기풍을 지녔을 뿐 아니라 남녀가 비루하게 희롱하며 어울린다"고 우려했다. 퇴계에겐 그것이 비루한 남녀의 희롱이었고, 젊은 유생들에겐 살구향 속살대는 달달한 밤, 피 끓는 청춘가였겠거니.

아양이 튕기는 거문고, 문탁이 부는 피리, 종무가 부는 중금.
명기 대어향과, 최우의 애첩인 옥기향 둘이 짝지어 뜯는 가얏고.
명수 김선이 타는 비파, 종지가 켜는 해금, 설원이 치는 장고.
아! 병촉야유秉燭夜遊[11]하는 광경이 과연 어떠합니까?
명기 일지홍이 비껴대며 부는 멋진 피리 소리를
아! 듣고야 잠들고 싶습니다
- 〈한림별곡〉 중

10) 『용제집容齋集』, 이행1478~1534, 1589.
11) 세월은 쉬이 가니 젊을 때에 밤낮으로 촛불을 밝혀 잔치를 베풀며 놀라는 뜻.

대만두

진양 하씨 종택에 내려오는 비서秘書, 『호산춘』

　　모란꽃을 닮았다 하여 이름 지어진 진주의 단목리丹木里는 진양 하씨 세거지다. 고려의 전설이 된 무신이자 명장이었던 하공진 장군을 시조로 한다. 조선의 개국공신 하륜1347~1416의 후손들이다. 하공진 장군은 거란의 요나라가 고려를 침범하자 적진에 들어가 스스로 볼모가 되는 조건으로 군사 철회를 교섭해 성공하였다. 이후 거란에서 탈출하려다 발각되어 요나라의 회유를 받았으나 끝내 거절하여 처참히 살해되고 말았다. "고려의 하늘이, 고려의 땅이 보고 싶구나…" 마지막 유언이었다. 고려시대에는 대궐이나 팔관회 행사 때 그의 업적을 기리는 연극 <하공진 놀이>가 연행되었다. 왕에게 신하의 우국충정을 잊지 말라는 뜻이었다. 이 가문에 내려오는 큰 상차림, 장어국, 굴반숙 떡국, 백합찜, 가지 제피김치 등은 진주 강씨 종갓집에서 시집 온 12대 종부에 이어 13대 박옥자 종부에 의해 내림되고 있다. 종손은 진주에서 4선을 지낸 하순봉 국회의원이다.

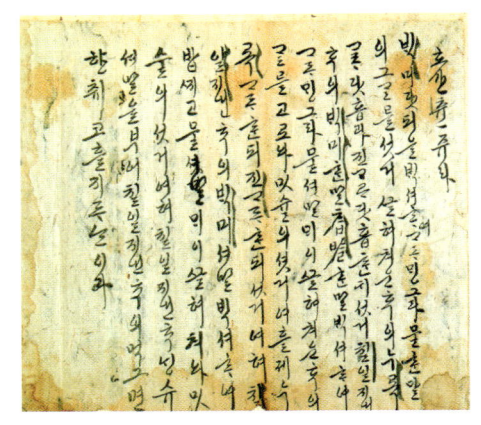

진양 하씨 집안의 가양주 비법을 직접 한글로 수록한 『호산춘』

귀한 손님이 오시면 장어국부터 안친다. 민물장어를 푹 고아 체에 밭여 우거지를 양념해 넣어 끓이는 보양식이다. 숙종이 통치하던 16세기 말로 추정되는 가양주 제조법에 대한 비서秘書도 있다. 하씨 집안의 안주인이었던 종부 인동 장씨 부인이 직접 한글로 수록한 『호산춘』이다. '춘春'은 술이라는 뜻으로 술 이름에 많이 붙는다. 중국어 발음으로 '진한 술'을 가리키는 '순醇'자와 발음이 같다. 장씨 부인은 비법을 전수하기 위해 재료의 배합분량, 발효기간 등을 상세히 기록해 한글로 레시피를 남겼다.

백합찜, 전복찜, 굴떡국

가지제피김치
(음식 : 진양 하씨 종가 박옥자 종부)

호산춘주라. 백미 닷 되를 흰 가루로 만들어 물 한 말에 그 가루를 섞어 끓여 채운 후, 여기에 누룩 가루 다섯 홉과 밀가루 다섯 홉을 한데 섞어 칠일을 지낸다. 백미 한 말 찹쌀 한 말을 가루 내어 물 서 말을 매우 끓여 채운 뒤 가루를 골라 먼저 담근 밑술에 섞어 열흘이 되면 누룩 가루 한 되를 섞어 넣는다. 칠일이 되면 백미 서 말을 흰 가루로 내어 술밥을 찐다. 이 술밥에 물 서 말을 끓여 채워 둔 다음 밑술에 섞어 칠일을 지내고 냉수 서 말을 부어 칠일을 지낸 뒤에 먹으면 냄새가 코를 찌르느니라.

초계 정씨 종가宗家의
"사신을 접대하던 주안상"

돔장

다섯째 마당

조선시대, 아무개 집의 부를 가늠하려면 부엌에 걸린 솥단지를 본다고 했다. 가마솥이 적어도 세 개는 걸려야 삶이 윤택한 양반으로 치부했다. 육탕, 계탕, 어탕의 삼탕三湯은 부의 척도였다. 과거 진주에 속했던 산청군 단성면에 위치한 성주 이씨 종가의 제례음식에서 발견되는 삼탕은 부의 상징인 셈이다. 성주 이씨 종가는 이성계의 조선 건국을 도운 이제의 후손들이다. 이제는 왕자의 난 때 태종 이방원에 의해 죽임을 당했고 그의 아내였던 경순공주는 승려가 되었다.

경주 최부잣집 음식이 내려오는 반가도 있다. 조선 중기 문인 동계 정온鄭蘊 1569~1641 종가다. 정온의 현손은 이인좌의 난 때, 영조의 정통성을 부정하며 영남의 대표주자로 나선 정희량이고, 정종철 전 진주시장도 이 가문의 후손이다. 중국 사신을 접대하던 친정집 주안상을 차려낸 이는 인심 좋은 경주 최부잣집 맏딸 최희 종부다. 조선시대 최고 갑부인 경북의 장녀가 경남으로 시집 와 친정의 손맛을 심었다. 12대 만석꾼의 전설적인 부富의 신화를 쓴 최부잣집은 신라의 문인 최치원 종가다. 경주법주는 이 가문의 전통 가양주다. 달착지근하고 죽처럼 묽어 숟가락으로 떠먹는다. 쉽게 상해버려 시판을 할 수 없는 술이다. 법주와 함께 주안상에 오른 생강향 톡 쏘는 육포와 돔장, 고춧가루를 옅게 풀어 붉은 국물을 낸 사연지는 짜지 않고 맵지 않다. 특히 수란은 어느 가문보다 진한 잣국물이 특징이다. 현재는 15대 유성규 차종부가 잇고 있다.

정온 종가의 주안상에 오르던 **수란**

금성·삼성·효성의 발원지, 진주 부자마을

학이 둥지 틀 듯 마을을 감싸고 재벌의 기운이 모인 진주시 지수면 승산리에 부자마을이 있다. 성종임금이 다스리던 600여 년 전, 김해 허씨가 처음 이주하여 집성촌을 이뤘고 300년 후엔 능성 구씨가 삶의 터전을 다졌다. 두 가문이 혼맥으로 맺어져 굴지의 럭키 금성 시대를 열었고 능성 구씨는 LG로, 김해 허씨는 GS로 분화되었다.

마을 한 가운데는 지수초등학교다. 1921년 개교하여 100년의 오랜 역사를 지닌 지수초등학교의 1기 졸업생 명단에는 금성 연암 구인회1907~1969, 삼성 호암 이병철1910~1987, 효성 만우 조홍제1906~1984의 이름이 올라있다. 이병철 회장은 의령에서 진주의 허씨 집안으로 시집 간 둘째 누이 집에 유학하며 지수초등학교를 다녔다. 구태회 LS그룹 창업주, 구자경 LG그룹 명예회장, 허정구 삼양통상 회장, 허준구 GS그룹 명예회장, 허완구 승산그룹 회장 등 대한민국 경제계 거물들도 이곳에서 꿈을 키웠다.

의령 정암진의 솥바위

다섯째 마당

진주, 의령, 함안을 아우르는 남강 물속에 솥처럼 생긴 바위 정암鼎巖이 솟았다. 재벌 창업주들이 심고 기른 지수초등학교의 부자소나무와 남강의 부자바위는 부자의 기운을 받으려는 인파들이 몰려든다. 이 바위를 기점으로 20리 이내에 큰 부자가 나온다는 전설이 있었는데 의령에는 이병철 생가, 함안에는 조홍제 생가, 진주에는 구인회, 허창수 생가가 모두 반경 내에 위치하니 신묘한 일이다.

삼성 이병철 회장의 생가에는 커다란 두 개의 쌀뒤주가 넉넉하고 풍요롭다. 효성 조홍래 회장의 찬방에는 손때 묻은 찬합과 고봉 밥주발이 진열돼 있다. 음식을 보관하던 '광'은 벽 두께가 1미터나 되어 여름에도 서늘하다.

승산 부자마을의
LG 창업주 구인회,
GS 창업주 허만정 생가를
알려주는 표지판

김해 허씨 종가

승산마을 김해 허씨 가문의 내림음식

승산 부자마을에는 아직도 김해 허씨 가문의 음식들이 보존되어 내려온다. 16세기부터 이어온 이 가문의 음식문화는 진주의 교방음식 문화를 알 수 있는 가장 좋은 사료다.

"허씨 집안 음식은 손이 많이 가는 것이 특징이다. 이는 진주지역의 교방문화와 어느 정도 관련이 있다. 진주는 역사적으로 평양과 더불어 교방문화가 발달한 곳 중 하나다. 특히 조선시대 진주는 행정, 군사 중심지역으로 서울에서 높은 관리들이 내려오면 이들을 자주 접대해야 했다. 이 때문에 자연스레 연회 음식이 발달했다. 또한 교방의 구성원이 서울 궁중 연회에 참석하는 일도 많았다. 그러다 보니 자연스럽게 이들의 입맛이 진주 지역의 교방문화에 접목되었다. 생선회나 고기 등을 잘게 썰어 먹는 음식 문화는 바로 이러한 연회장의 상차림과 궁중음식문화가 결합된 결과다."[12]

지수마을 최고 갑부였던 지신정 허준 선생은 경주 최부자댁 종손 최준 선생과 함께 안희제 선생이 만든 백산상회에 독립 자금을 댔고, 아들 효주 허만정은 교육의 불모지였던 진주에 일신학교를 세웠다. 오늘날 진주여고다. 효주 선생의 손자가 허창수 GS 회장이고, 묵동은 허창수 회장 어머니의 택호宅號다. 합천군 삼가의 초계 정씨 가문이다.

종가는 '회문댁'이다. 과거 양반집에서는 여자가 혼인을 하면 호칭에 택호를 붙였다. 택호는 정실 부인의 상징으로 본처가 사망한 후 재취로 들어가 본댁이 되었다 해도 택호는 정실의 것으로 사용하고 바뀌지 않는 것이 유가儒家의 원칙이다. 회문댁 비빔밥은 육회 또는 소고기를 볶아서 냈다. 제철 나물과 송이버섯이 올랐다. 송이는 지수면 산에서 채취했다. 그러나 비빔밥에도 신선로에도 빠지지 않았던 송이는 일제강점기 제2차 세계대전을 기화로 일제가 소나무를 벌목하는 바람에 채취가 어려웠다고 한다. 소고기와 청포묵, 제철 나물, 삶아서 말려두는 죽순과 고사리는 사철 재료다. 참바지락 보탕국 양념에 맑은 장국을 곁들인다.

반드시 들어가는 재료 중 하나는 김의 뿌리인 속데기다. 속데기는 비빔밥에 넣는 진주만의 문화다. 허문許門에서 유래되었다. 속데기무침은 초봄이면 으레 해 먹는 음식이고 비빔밥을 해 먹을 때 반드시 넣는다. 구워서 무쳐 먹으면 씹히는 맛이 좋아 밑반찬으로도 즐긴다. 특히 파가 좋을 때 조선파를 넣어 무치면 향취가 그만이다. 그릇에 파 데친 물(혹은 멸치국물), 집간장, 통깨, 고춧가루, 들기름, 구워서 부순 속데기를 넣고 조물조물 무치다가 마지막에 조선파를 넣는다. 허씨가는 진주의 지역적 특성을 기반으로 선대의 음식문화를 계승하고 보존한다.

종부의 김장은 마을의 행사였고 백정들은 미리 주문을 받아 소를 잡았다. 드나드는 손님은 많고도 많았다. 처마 밑에는 대나무 이파리로 싼 소다리가 늘상 걸려 있었고, 대구도 트럭으로 들어왔다. 허씨 가문의 구휼과 인심은 서울까지 소문이 자자했다. 지수마을 허씨 집안은 노블리스 오블리제의 상징이었다. 새봄에 나는 두릅이며 머위에 간장을 끓여 부어 담근 장아찌, 대구알김치 등 선대의 손맛을 재현한다.

말린 대구와 피문어, 은행알 등이 오른 주안상은 별다른 양념 없이 소금을 살짝 뿌려 구워내 본연의 맛을 살린다. 청어, 털게, 백합, 해삼, 개불, 홍합, 호래기, 전복, 우무 등 생선과 어패류를 이용한 음식들이 많다. 특히 대구를 이용한 찬들이 많은 비중을 차지하고 전복젓, 호래기젓, 대구젓, 석화젓 등이 대표적인 저장음식이다. 허씨 가의 음식들이 진주 관아로 들어간 것 역시 수령과의 관계가 돈독했기 때문이다.

경상 관찰사 민형식閔衡植 1875~1947은 허씨가의 종손과 친구지간이었다.[13]

여름찜국
대구알김치
소고기 가지찜
(음식 : 김해 허씨 종가 이정령 종부)

12) 허남옥, 허창수
〈진주 허씨 묵동댁 내림음식〉 서문, 2013.
13) 김해 허씨 종가 허정한許禎漢 선생 구술.

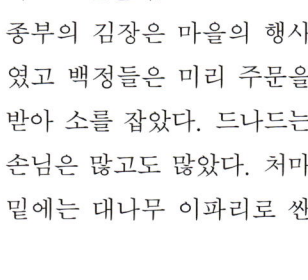

소설 『토지』의 실제 모델, 평양 조씨 '화사별서'의 궁중음식

소고기 완자

평양 조씨 고가 '화사별서'

기후가 온화하고 볕이 좋은 진주목으로 내려와 별장을 짓는 서울 양반들도 있었다. 소설 『토지』의 실제 모델인 하동 평양 조씨 고택 '화사별서花史別墅'다. 1890년대 조선의 개국공신 조준의 25대손 조재희1861~1941가 지었다. 화사花史는 조재희의 아호이며, 별서別墅는 농사 짓는 별장이란 뜻이다. 나라의 풍수를 짚는 국풍國風이 명당을 찍어준 자리다. 악양천을 따라 나가면 섬진강이다. 닥 트인 너른 전답 모두 조씨 가문 소유였다. 현재 조재희의 손자인 조한승 옹이 지키고 있다.

천석꾼 조부잣집은 왕실과 친분이 두터웠다. 익계 이씨羽溪李氏 종부가 만든 궁중음식은 입소문을 타고 담을 넘었다. 더위를 피할 수 있도록 설계된 개방형 여름부엌, 소고기만 다지는 용도의 툇마루, 연못에 설치된 석빙고 등 조선 후기 반가의 식문화가 눈부시다.

밥은 머슴밥과 차별하여 고봉으로 담지 않았다. 돼지고기는 사람에게 덜 이롭다 하여 소고기만 먹었다. 명절이나 행사 때면 늘 소를 잡았고 장조림은 사철의 반찬이었다.

여름부엌에서 음식을 내오려면 머슴 여럿이 릴레이로 밥상을 안채까지 날랐다. 맛이라도 보려는 머슴들이 싸우고 뒤엉켜 넘어져 구르는 진풍경이 벌어지기도 했다. 좋은 쌀로 부드럽게 쪄낸 떡에 익숙해져 이웃집에서 거친 떡을 주면 조부잣집 아이들은 몰래 뱉었다고 한다. 밥상은 큰 교자상이 12개나 되었다. 식구들은 겸상을 했고 어르신만 독상을 받았다. 서울 입맛답게 고등어 같은 비린 생선은 올리지 않았고 조기와 석화를 주로 먹었다. 반찬은 열 가지 이상은 반드시 올랐다. 잉어는 평사리 앞 동정호에서 많이 잡혔다. 대나무를 엮어 몸을 가린 낚시꾼들은 즉석에서 잉어를 팔았고 펄펄 뛰는 잉어회는 단맛이 감돌았다.[14]

화사별서 내 소고기를 다지는 용도의 작은 툇마루

14) 1926년생 조한승 옹 구술.

맑은 강에 배 띄우다, 남강 뱃놀이

닻 들고 돛을 달고 배 띄우고 노 저어라.
배 띄워라 배 띄워라 이 배 타고 어디 갈꼬.[15]

혜원 신윤복의 '주유청강'
- 간송미술관

다섯째 마당

하늘이 내려앉은 맑은 남강에 그림 같은 누선樓船이 오간다. 모래사장에는 활쏘기 놀이가 한창이다. 과녁을 맞추면 기생들이 열을 지어 "궁차락, 아! 궁차락아~"[16]하며 응원한다. 배를 타고 주변의 풍경을 감상하며 즐기는 뱃놀이 '선유船遊'는 조선 시대 최고의 호사였다. 석양이 진주성에 반쯤이나 걸리기 시작하면 남강에는 온통 선유놀이를 즐기는 풍경들로 장관을 이루었다. 선유는 삼삼오오 배를 타고 즐기는 소풍이기도 했고 수십 개의 배를 한데 묶어 즐기는 수령들의 거창한 선상파티이기도 했다. 음식은 때를 맞춰 관아에서 도착하였고 기생과 악공이 퉁소와 북을 치며 물결 따라 오르내린다. 음식을 담당하는 집찬비들이 따르고 어부들은 각자의 배에 올라 고기잡이를 서두른다. 수령의 식사를 위한 준비다.

그 옛날, 넓고 넓었을 모래사변에 서면, 수백 년의 세월을 품고 돌아온 남강이 가만히 말을 건넨다. 임진·계사년 그 난리 때, 진주성을 지키던 군사들의 이야기를 나직이 들려준다. 흐르는 물에 등불을 띄우는 유등流燈은 군사적 신호체계였다. 어둠 속에 잠입해 강을 건너려는 왜적들을 소탕하고 불빛으로 성 밖의 가족들을 안심시켰다. 왜적들에겐 두려움이었고, 가족들에겐 소망의 빛이었다. 살아남은 진주 백성들이 남강 그 어디쯤에 잠긴 이들의 넋을 부른다. 그 날의 상처를 위로하며 기린다. 매년 '울음이 타는 가을강'[17]을 밝히는 찬란한 유등 속에 진주의 빛이 흐른다.[18]

15) 이운영李運永1722-1794이 지은
<수로조천행선곡水路朝天行船曲>의 일부.
16) '궁차락'은 태평성대를 칭송하는 <유림가儒林歌>의 후렴구다.
기생들이 상감이나 수령의 행차 때 주로 불렀다.
『악장가사樂章歌詞』에 전문이 실려있다.
17) 사천 출신 시인 박재삼의 시 <울음이 타는 가을 강>,
진주장터의 소회를 주제로 <추억에서> 등의 시를 남겼다.
18) 해마다 10월 중순에 열리는 진주 유등축제는
진주성 전투를 기리는 문화역사 축제다.

잡채 판서, 침채 정승, 찬합 뇌물을 담다

"부끄러움을 모르는 자들이 임금 주변에 빌붙어 날뛴다. 잡채 판서니 침채 정승이니 하는 말까지 나돈다."[19]

오호라 황홀한 맛이어라. 효순1543~1621의 집에서는 더덕으로 밀병을 만들었고, 이충1568~1619은 채소에 다른 맛을 가미하였다. 광해군은 이충이 가져오는 진귀한 음식이 아니면 수라를 들지 않았다.[21] 인정人情이라는 말은 뇌물을 뜻했다.[20] 뇌물을 많이 주는 것을 인정이 많다고 했다. 뇌물은 약과에서 시작해 관료들의 부패가 점점 심해지자 잡채, 김치, 더덕, 국수, 산삼, 고기포로 수위를 높인 찬합들이 오갔다. 정승댁 노비는 국수를 먹고, 판서댁 말은 약과를 하도 먹어 물렸다. 산삼을 기대했는데 고작 약과라니. "이건 약과야!"도 뇌물에서 유래됐다.

음식의 종류에 따라 사용하는 찬합의 재질도 각각이다. 목기로 된 왜찬합에는 유밀과, 사기찬합에는 정과, 놋대합에는 다식과, 화분자華盆子에는 수정과, 화대접에는 생과일, 원형 접시에는 찜이나 부침을 담는다.[22] 찬합은 외식문화가 발달하지 않았던 조선시대, 매우 요긴하게 사용됐다. 출장 가는 관원의 손에, 양반들의 나들이에는 노비가, 수령의 행차에는 주리가 들고 따랐다. 찬합은 주로 버드나무나 소나무로 만들어 수분이 새지 않도록 옻칠하고 기름칠하여 길들였다. 고리가 달린 고급 찬합도 있었고, 여닫이문으로 마무리한 아이디어 찬합도 있었다. 백성들의 찬합은 대바구니 동구리였다. 열 집이 돌려 보는 달력, 시어머니는 별을 헤며 길흉을 점쳤고 며느리는 첫새벽에 밭일 가는 식구들의 밥을 지었다. 밥과 된장, 젓갈만 단출한 들밥에 탁주 한 잔까지 걸친다면 욕심 없이 살아온 백성들의 어깨가 들썩인다.

19) 『상촌집象村集』 심흠申欽, 1620.
20) 『광해군 일기』 11년 3월 5일.
21) 아가리는 넓고 밑은 좁은 사기그릇.
22) 『음식법』 윤서석 외 옮김. 아쉐뜨아인스미디어, 2008.

이보시오 농부님들
이내 한 말 들어보소
높은 데는 밭을 갈고
깊은 데는 논을 갈아
방방곳곳 농사로구나
어럴럴 상사뒤야
- 〈진주 농부가〉 중에서

해파리냉채

망개과 옥잠화잎으로 덮은
남도풍의 서정

"쉬이 물렀거라!"

　　말몰이꾼의 고성이 동구 밖 너머로 잦아든다. 조랑말을 탄 양반과 짐꾼 노비. 양반의 나들이는 말과 노비의 다리를 합해 최소 육족六足이다. 도착지에 이르면 노비는 노둣돌이 되어 엎드리고, 양반은 그의 등을 밟고 내려온다. 점심은 사먹을 곳이 없다. 도시락이 필수다. 자반과 젓갈은 가장 흔한 도시락 반찬이었다.

'도슭'은 도시락의 옛말이다. 진주풍 도슭은 곱돌솥에 팥물로 홍반을 지어 젓갈과 구이를 넣고 병과류는 따로 담는다. 떡은 천연방부제인 옥잠화나 망개나무(청미래덩굴) 이파리로 곱게 싸면 여름에도 음식이 쉽게 상하지 않는다. 망개떡은 진주목 의령 출신 안희제 1885~1943 선생이 독립자금을 마련하기 위해 만들어 팔았던 애국 떡이다.

관아에서는 어리굴젓, 잡젓, 대구알젓, 조기젓에 진석화젓까지 세금으로 거뒀다. 굴 삭힌 물에 간장을 넣어 3일 간 가마솥에 달여 붓는 진석화젓은 어리굴젓보다 2배 이상 비싸게 쳐주었다. 굴의 형태가 보이지 않게 잘 삭아 흑빛을 띠는 진석화젓은 짭짤하고 고소한 맛을 먹는 진주의 전통 굴소스다. 어간장이다. 놀러갈 때 담는 유반遊飯에는 진주식해도 꼭꼭 눌러 담는다. 진주식해는 북어와 꼬들하게 말린 참조기에 찹쌀 고두밥 등 갖은 재료를 넣어 대나무잎으로 봉한다. 잘 삭아 제 맛이 든 식해는 남도의 정취를 더한다.

진주식해 (조기식해)

멸치는 사천에서 들였다. 사천 멸치는 죽방렴이라는 대나무 발로 잡아 비늘이 긁히지 않은 최상품이었다. 멸치는 물에서 나오면 바로 죽어버려 죽을 멸滅자를 써서 멸어치라고 했다. 멸치는 그 자리에서 바로 소금을 뿌려 젓갈을 담기도 했고, 햇볕에 말리기도 했지만 말리는 기술이 없어 대부분은 썩어버렸다. 일제의 권력을 업은 일본 어민들에게 멸치 어장도 잠식당했다.[23] 건어물은 주로 대구와 명태였다. 부산항으로 들어온 강원도 명태는 고성현 배둔에서 육로를 통해 진주 읍내장과 연결됐다.

선비들은 경치 좋은 물가에서 안빈낙도를 즐겼다. 파란만장했던 관직생활을 마치고 귀거래사를 부르며 돌아온 고향. 물고기를 잡아 회를 치고 연잎밥이 담긴 도시락을 펼친다. 녹음 깊어 산도 물도 맑은 날, 행복한 점심이 차려진다.

푸른 연잎밥을 싸고
버들가지 고기 꿰어
갈대 억새풀 더미에 배 메어두고
이 맑은 맛을 어느 누가 알랴.[24]

망개떡

---

23) 『근대의 멸치, 제국의 멸치』, 김수희, 아카넷. 2015, 78쪽.
24) 이인보李賢輔의 <어부사漁父詞>.

양반과 기생이 남긴 풍류
진주교방꽃상

아름다움에 반하고
맛에 취하다

여섯째 마당

사월의 북바위는
태평고를 울리느냐

진주의 넉넉한 곳간,
지리산

여섯째 마당

"지리산은 아름다운 나물과 기이한 과실이 다른 산보다 많아
가까운 수십 개의 관에서 모두 그 이利를 먹는다."[1]

진주에 터를 내리고 자급자족하며 살아온 백성들은 깊은 흙이 키운 나물을 캐고 귀한 버섯을 땄으며 기이한 과일도 지리산에서 얻었다. 우렁찬 동편제 가락이 지리산에서 탄생되었고, 국악의 창시자이자 진주 예인의 표상인 기산 박헌봉 1907~1977을 낳았다. 대한민국 무형문화재인 진주검무도 기산에 의해 채집되었다.

"지리산 구경 가자. 강성현을 들어서니,
 문익점 천추유적千秋遺跡 목면화 만개로다.
 사월의 북바위는 태평고를 울리느냐.
 아미산峨嵋山 풍월주風月主는 때를 찾아 어데 간고."
 - 기산의 '지리산가' 중

목화꽃 만발하고 북바위가 태평고를 울리는 지리산은 지극히 감사하고 넉넉한 진주의 곳간이었다. 주렁주렁 달린 대봉감이 온 고을을 가을빛으로 물들였고 모과는 아름드리로 자랐다. 여름의 한복판에선 햇빛에 지친 석류가 알알이 쏟아질 듯 열매를 터뜨렸다. 지리산 하늘 봉우리의 찬 기류가 섬진강을 따라 남해로 모인다. 산소방울 말려든 해풍을 맞고 자란 토종유자는 달고 향이 그윽하다. 튼실한 밤과 버섯은 자체로도 각별하지만 음식의 풍미를 더하는 웃기로도 자주 올렸다.

최상품은 모두 관아로 들어왔다. 지리산의 이利를 가장 많이 본 곳은 관아였다. 작약, 시호, 맥문동, 백복령, 백복신, 구기자, 감국, 백출, 당귀 등 귀에 익은 한약재들이 한양까지 진상됐다. 조선통신사를 통해 일본으로도 건너갔다. 특히 맥문동과 오미자는 17세기부터 진주의 특산품으로 꾸준히 올랐다. 오미자 원액에 맥문동과 인삼을 달여 섞은 '생맥산'은 영조임금이 건강을 위해 상복했다는 음료다.

이강주, 감홍로와 함께 조선 3대 명주였던 '죽력고'도 진주 백성들이 바쳐야 했던 세금이었다. 대나무를 며칠 간 고아 진액을 내린 죽력고는 빈객에게 내어놓는 최고급 약술이었고 음청류로는 겨울에는 식혜와 수정과, 여름에는 갈수渴水와 숙수熟水로 원기를 보했다.

수백 년 간 진주의 특산물로 이름을 올렸던 진귀한 약초들이 1964년 발간된 『진주통지』에서 목록이 사라진 것은, 행정구역 개편으로 생산지가 독립했기 때문이다. 진주목 산청, 하동, 남해, 사천 등은 생산지였고 진주는 소비지였다.

태평고
산청 남사예담촌 '기산국악당'에 설치된 태평고 야경

1) 이육李陸 1438~1498 문집.

꽃이 말을 걸어오다,
약선 별다담상 別茶啖床

마음속 끝없는 사랑을 세세히 옮겨다가
달빛 비친, 비단 병풍, 님 계신 사창에 전하고자
그제서야 님은 내 심정 아실까
내가 얼마나 그리워하는지 짐작이나 하실까.
- 진주기생 매화의 시

꽃이 말을 건넨다. 눈 속의 매화가, 봄날 아카시아가, 여름철 소박한 호박꽃까지 저마다의 향기로 다가온다. 양반들은 매화음梅花吟을 즐겼다. 겨울철 방안에 난로를 피워 놓고 고기를 구워 먹으며 매화를 감상했다.[2] 덜 핀 매화로 술을 담아 차갑게 마시는 매화주는 봄 마중이다. 황화채黃花菜라 하는 원추리는 춘곤증을 없애주고 이뇨작용이 뛰어나 조물조물 무친다. 아카시아꽃을 참기름에 살짝 튀겨내 고소함과 향긋함을 올리고, 호박꽃으로 만든 만두는 임금님이 드시던 음식이라 하여 귀히 여겼다.[3]

월과채는 호박이 아닌 오이로 말아 아삭한 맛을 낸다. 진주의 상징화인 석류와 유자, 복분자 즙을 짜 만든 색동 과편이 별다담상을 장식한다. 꽃밭이다. 태조 이성계의 셰프였던 천민 이인수는 '음식으로 마음을 헤아리는 자'였기에 신하들의 반발에도 불구하고 임금의 뜻에 따라 관직까지 하사 받은 조선 최초의 대령숙수였다. 저마다의 사연을 안고 피는 꽃의 마음을 지체 높은 나리들은 알았을까. 무심한 수령의 진짓상에 기생이 피워낸 애달픈 꽃이 한 가득이다.

2) 이인상, 『뇌상관고』 권5, '박매화문駁梅花文'.
3) 이 책의 차림들은 한국음식문화재단에서 2007년부터 진주권 일대를 조사한 내용과 『진양지』, 『진주읍지』, 『진주속수』, 『진주통지』 등에 기록된 진주특산물을 이용해 재현한 것이다.

여섯째 마당

교방 꽃떡

진주 기생의
못 다한 사랑,
패왕별희
별어탕 鱉魚湯

가오리영양찜

힘은 산을 뽑을 만하고, 기운 또한 세상을 덮을 만하나 力拔山氣蓋世
때와 운이 불리하니 말 또한 달리지 못하는구나. 時不利兮騅不逝
말이 달리지 못하니 어찌 하란 말인가? 騅不逝兮可奈何
우희, 우희여, 그대를 어쩌면 좋단 말인가? 虞兮虞兮奈若何[4]

항우가 베푸는 마지막 연회였다. 키는 8척(약 2미터)이 넘는 장신이요, 한 손으로 무쇠솥을 들어 올렸다는 전설의 장수 항우가 술잔을 들고 진중에서 탄식한다. 그에겐 아름다운 애첩 우희가 있었다. 진나라가 몰락하고 초나라의 항우와 한나라의 유방이 패권을 다투던 고대 중국, 4년에 걸친 결전에서 패망이 짙어지자, 희망 없는 병사들은 돌아갈 수 없는 고향의 노래를 불렀다.

"사방에서 초나라의 노래가 들려옵니다.[5]
황제께서는 운이 다하셨습니다.
천첩인들 어찌 살기를 바라겠습니까."

우희는 자결을 했고 항우 역시 전쟁터에서 스스로 목숨을 끊는다. 경극으로, 영화로 전 세계의 주목을 받은 애절한 사랑 이야기 〈패왕별희〉다. 환희에 찼던 초나라 개국잔치에서 항우를 위해 우희가 만든 음식은 용봉탕이었다. 후대 사람들은 죽음으로 작별하는 항우와 우희의 이야기를 담아 용봉탕을 '빠왕비에지 패왕별희霸王別姬'라고 불렀다. 중국어의 '닭 계鷄 jī' 자와 우희의 '희姬 jī' 자가 음이 같기 때문이다. 닭고기는 우희를, 자라는 항우를 상징한다. 닭고기와 자라를 푹 고아 만든 용봉탕은 장쑤성 쉬저우徐州의 전통 요리로 알려졌지만, 진주에서도 별어탕鼈魚湯이라는 이름으로 특별히 사랑 받던 보양식이다. 남강에서 많이 잡혔던 자라는 1돈 5푼으로 꿩이나 닭보다 저렴했고 해열제인 '별갑鼈甲[6]'은 임금님께 보내는 진상품이었다.

혜원 신윤복의
'아기 업은 여인'
- 국립중앙박물관

진주 기생들도 누군가를 위해 별어탕을 올렸을 것이다. 보양식 한 그릇에, 말로는 표현 못할 사랑을 담았을 것이다. 조선후기 문신 오횡묵은 쉰아홉의 나이에 열아홉 살 기생에게서 딸을 낳는다. 그러나 잘 키우라는 말 한 마디를 남기고 떠나버린다. 1519년의 영남감영기록에도 기생의 가련한 이야기가 적혀 있다. 주로 수청에 관한 것들이다. 관리의 기분이 내키면 들였다가 다음 날 밤에는 내쫓기까지 하면서 수모를 주기도 했다. 비록 천인이긴 하였으나 가무와 시화에 능한 엔터테이너였고, 사대부들과 감히 교류하는 유일한 여성계층이었던 기생. 하지만, 춤추고 노래하는 번잡한 연향 뒤로 그들의 삶은 처연하고 고달팠으며, 또한 외로웠다.

4) 사마천司馬遷의 『사기史記』의 '항우기'에 나오는 '역발산기개세力拔山氣蓋世'.
5) 이 장면에서 '사면초가四面楚歌'라는 사자성어가 나왔다.
6) 말린 자라 껍질.

여섯째 마당

오색 겹겹이 김치

음양陰陽으로 평平을 이루고
오미五味로 맛에 맛을 더하다

　　음식으로 몸을 다스리는 식치食治는 의학이 발달하지 않고, 의원을 만나기가 어려웠던 조선 시대의 가장 유용한 건강법이었다. 음식을 먹는다는 것은 곧 그 생명을 나에게로 잇는 일이다. 음식이 약이 되는 '약선밥상'의 화두는 '음양의 조화'로 평平을 이루고 맛에 맛을 더해 이롭게 하는 '오미상생五味相生'이다. 민족의 '갖은 양념'은 오미의 산물이다. 오미는 신맛과 쓴맛, 단맛, 매운맛, 짠맛이 서로가 배합되고 상생하여 맛을 돋운다.

음양오행은 밝음과 어둠, 두 기운이 하늘과 땅을 이루고 다시 목, 화, 토, 금, 수의 오행을 만들었다는 사상을 기초로 한다. 산해진미, 수륙진미에는 음양오행이 조화롭다. 육肉과 해海는 음양이 만나 맛을 완성하니, 서로 다른 것이 만나 합合이 된다. 더하여 균형을 이루게 하는 것은 채소다.

초양극화 사회였던 조선시대, 양반들은 정원 가꾸기, 비싼 새 키우기, 솟을대문으로 가문을 상징하기 등 다투어 사치를 부렸다. 여성들의 머리에는 집 한 채 값의 가체가 올랐고, 머리카락 더미의 무게를 이기지 못 해 목뼈가 부러진 며느리도 있었다. 의복은 기생처럼 화려하게 치장하여 좁은 옷소매가 터질 지경이었으며 밥은 하루 일곱 끼를 먹었다. 반만년 보릿고개와 대조되는 양반의 밥상에는 열구자탕, 승기악탕, 소고기뭇국, 쇠고기산적 등 한 그릇 안에 음양을 맞춘 종류가 차고 넘쳤다.

음식에 화룡정점을 찍다, 오방색 교태

우리 음식은 삶거나 찌는 종류가 많아 제 빛깔이 흐트러진다. 고명을 '교태'라고도 하였으니 빛깔로 기능을 돕는 오방색 교태는 음식을 돋보이게 하는 화룡정점의 맺음이다. 오방색에는 빛깔별로 장기를 보하는 기능이 있어 화火를 중심으로 목木, 수水, 금金, 토土를 상징하며, 신체의 오장과 닿아 푸른색은 간에 이롭고, 붉은 색은 심장, 흰색은 폐, 위에는 황색이 좋고 검은 흑색은 신장을 보한다.

오색은 본래 왕실의 빛깔이었다. 특히 황련으로 물들인 천자의 황색 용포는 하늘에 닿는 색으로 여겨 민간은 엄격히 금지했다. 진한 원색도 왕족의 상징이어서, 백성들은 황, 적, 청 원색의 의복을 입는 것이 금지되었는데 기생만은 예외를 두었다. 반가에서는 원색을 연하게 물을 들여, 오히려 고상하고 세련된 간색의 염색술을 발달시키기도 했다.

오색 밀전병

양반과 기생이 남긴 풍류
진주교방꽃상

아름다움에 반하고
맛에 취하다

일곱째 마당

19세기 주한 미국 대리공사
조지 포크George Foulk가 기록한 관아 상차림

*이 자료는 사무엘 홀리(Samuel Hawley.Yonsei.univ)교수가 미국 각지(Bancroft Library at the University of California, Berkeley, the Naval Historical Center, Washington, D.C., the Library of Congress, Special Collections at the University of Arkansas Libraries &)에 흩어져 있는 자료들을 수집하고 출판권을 부여받아 <Inside the Hermit Kingdom>이라는 제목으로 미국에서 출간하였다. 저자와 편저자가 우열을 가리기 어렵다는 평을 받을 정도로, 편저자의 부연설명이 돋보인다.
본고는 편저자이신 사무엘 교수님의 도움을 받아 관련 논문, 사료 등을 바탕으로 19세기 관아의 음식문화 부분을 재구성한 것이다.

은둔의 왕국 조선의
속살을 그리다

미 해군장교였던 조지 클레이튼 포크George C. Foulk 1856~1893는 2년간 조선에 머물면서 주한 미국 대리공사를 지낸 높은 관리였다. 그는 1884년 개화파 민영익[1]의 후원으로 삼남 지방을 여행했다. 통역관을 포함해 수행원이 18명이나 되었고 주로 가마를 타고 이동했다. 전형적인 조선 관리의 행차 모습이었다. 여행의 초반에는 잠시 눈을 붙일 때마다 시종들이 "대인大人이 주무신다. 조용히 해라!"며 고함칠 정도로 융숭한 대접을 받았지만 여행의 말미인 12월 4일, 갑신정변[2] 소식과 함께 지방 수령들이 그를 외면하는 상황이 되었다. 그가 김옥균 등 개화파의 공격 대상이었던 민영익1860~1914의 편지를 갖고 있었기 때문이다. (지방 관아에 보내는 일종의 협조공문이었던 것 같다.) 그는 아직 서구에 개방되지 않은, 은둔의 나라 조선을 정밀한 초상화로 남겼다.

1885년 1월부터 1886년 6월까지, 1886년 9월부터 1886년 12월까지 주한 미 대리공사를 맡았던 조지 클레이튼 포크

그는 여행이 대체로 행복했다고 적었으나 반드시 그런 것만은 아니었다. 끊임없이 몰려드는 군중들과 널빤지에 구멍 하나가 뚫린 비위생적인 화장실 문제로 많은 스트레스를 받았고 그마저도 밀려드는 인파 때문에 마음대로 사용할 수가 없었다. 무엇보다 자신을 마치 전시된 동물인 양(적어도 포크의 느낌으로는) 달려드는 군중들을 제어하기 위해 "물렀거라 꾼"들이 백성들을 때

---

1) 조선 개화기 개화업무를 이끌었고 후에는 고급관료로서 국가에 큰 영향을 끼쳤다. 명성황후의 조카다.
2) 1884년(고종 21년) 김옥균金玉均을 비롯한 급진개화파가 개화사상을 바탕으로 조선의 자주독립과 근대화를 목표로 일으킨 정변이다.
3) 경상도, 전라도, 충청도.

일곱째 마당

19세기 서울 모습

리고 논으로 내던지며 노인을 난폭하게 밀쳤다. 삼남도³⁾에 앞서 개성을 유람했던 포크는 차려진 음식을 다 먹어야 하는 것이 조선의 예절이라는 말에 숨을 쉴 수조차 없을 만큼 먹고 과식으로 고생하기도 했다.

주막은 밥값만 지불하면 숙박은 따로 돈을 내지 않아도 되었지만 새 밥과 찬밥이 섞여있다는 이유로 수행원과 주모 사이에 큰 소리가 나기도 했고 벼룩 때문에 잠을 잘 수 없는 날도 있었다. 나주의 주막에서는 어느 아전이 돈을 내지 않아 주모와 언쟁이 벌어졌는데, 포크의 가마꾼들이 주모 편을 들었다가 폭행을 당한 사건도 있었다. 그날 주모는 목에 나무 형틀이 채워져 관아로 끌려갔다. 본처와 첩이 머리채를 잡고 싸우다가 본처가 남편에게 머리를 얻어맞는 남성우월의 가부장적 문화도 목격했고 막걸리와 투전의 질펀한 놀음판에서도 싸움은 벌어지기 일쑤였다.

포크는 140년 전 아무것도 덧칠되지 않은 조선, 우리 선조들이 살아낸 그 시간 속의 음식문화를 기록했다. 이것은 그가 써내려간 340페이지의 긴 문서들 중, 국내에 알려지지 않은 조선의 관아 접대상 이야기다.

조지 포크의 여행을 도운 민영익

관아는 수령이 다스리는 작은 우주

민초들의 열악한 삶과는 달리 관아는 수령이 다스리는 작은 우주였다. 성대한 음식에서부터 숙소인 객사에 이르기까지 별개의 세상이 펼쳐지곤 했다. 수령에서 아전까지 비단옷을 입었고 기생들의 가무도 포크를 황홀하게 했다. 19세기 관아의 접대 상차림은 대부분 두 번에 걸쳐 시차를 두고 제공됐다. 1884년 11월 25일, 진주를 방문한 포크는 약주술과 찰떡, 떡국 등이 오른 정찬正餐[4]을 받았고, 소고기와 승기악탕, 포계(프라이드 치킨) 등으로 차린 가찬加餐의 밥상을 받았다.

가마를 타고 이동 중인 관리

[4] 포크가 예비 밥Preliminary pap이라고 표현한 밥상은 서양식 에피타이저가 아니라 정찬이다.

단원 김홍도의 <행려풍속도> 중
'노상송사'
- 국립중앙박물관

충청 관찰사의 접대상,
소의 내장은 문화적 충격

갑회

"11월 5일, 저는 첫 도착지인 공주에서 관찰사를 접견했습니다. 아침 8시에 밥상이 들어왔습니다. 이어서 또 한 번, 한 상 가득 음식이 차려졌습니다. 저는 작은 방의 바닥에 앉아 혼자 상을 받습니다. 저 한 사람을 위한 음식들입니다. 밖에는 엄청난 군중들이 몰려들어 웅성댑니다. 도시 전체가 저를 보고 싶어 하는 것 같습니다. 오늘 충청도 최고의 수령이 베푼 음식들을 일기에 적어봅니다. 메인 요리는 국수와 소고기(골동 세면)였습니다. 찬 소고기(편육)과 프라이드 치킨(포계), 달걀은 삶아서 국물에 띄웠군요(수란). 과일은 배와 밤과 감이 올랐습니다. 그런데 무언가 저를 위협하고 있었습니다. 그릇에 동물의 내장이 담겼다니, 오, 주님! 이것은 이교도의 것입니다. 저는 도저히 먹을 수 없습니다."

소의 양과 허파가 기독교인 포크에게 엄청난 문화적 이질감이자 충격으로 다가왔다. 그럼에도 포크는 이날 밥상이 아주 훌륭했다고 기록했지만, 관찰사가 제공한 상차림치고는 소박했다. 포크가 질색을 했던 소의 내장은 18세기 이후 등장한 갑회甲膾다. 고기·양·천엽·간·콩팥·전복·생합 등을 가늘게 채 썰어 갖은 양념에 버무리거나, 소금과 참기름으로 간간하게 무쳐 겨자즙을 곁들이기도 한다.

은진현감 김씨 부인이 장만한 주안상, 국화꽃술에 반하다

"저는 강경을 거쳐 은진에 도착했습니다. 감사하게도 은진 현감께서 파티를 열어 주셨습니다. 이 음식은 현감의 와이프인 미세스 킴이 손수 장만한 것들입니다. 술잔에는 국화꽃이 동동 떠있습니다. 술잔에 꽃이라니, 매우 낭만적이고 새롭습니다. 이 음식들은 노트 뒷장에 따로 기록하기로 합니다."[5)]

〈반상 13기〉
밥(Boiled rice)
쇠고기 뭇국(Soup beef and daikon)
장산적(Beef steak small squares, thin)
소의 허파와 양(Tripe and lights raw)
육회(Raw beef lean thin slices)
자반 생선(Shreds of salt fish)
허파 전유어(Cooked tripe, in a sort of egg batter)
수란(Poached eggs)
작은 그릇에 담긴 쇠고기 국(Small bowl beef soup)
깍두기와 푸른 나물(Sliced radish and green herbs)
김치(Kimchi)
식초(Vinegar)

〈면상 6기〉
찬 국수(Cold vermicelli)
통닭 찜(Broiled chicken (a whole one))
조개젓, 어리굴젓(Salt clams and oysters cold)
감과 배(Pared and sliced pears, Persimmons)
김치(Kimchi)

〈전골상〉
열구자탕(Hot dish in brazier)
밤, 쇠고기, 콩, 버섯, 그리고 최소 4가지 이상의 야채와 허브의 혼합
(chestnuts, beef, beans(tofu), mushrooms and at least 4 other vegetables and herbs, all mixed)
술(Sul)

일곱째 마당

국화주

5) 포크는 중간에 줄을 그어 밥상과 면상,
   전골상을 구분했다.

익산 군수가 보내온 오찬과
러시아식 자쿠스카

골동면

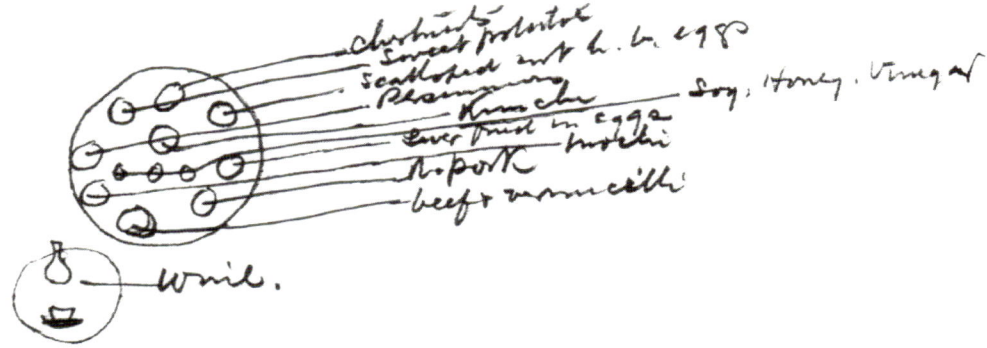

포크는 익산 군수에게 받은 밥상을 스케치로 남겼다.

포크 일행은 충청도를 떠나 전라도로 향한다. 포크는 시간을 지체하지 않으려 관아에 들르지 않고 주막에 머물렀지만, 이미 은진 현감이 익산 관아로 연락을 해놓아 익산 군수가 밥(PAP)을 보내왔다. 익산에서도 순차적으로 상이 차려졌는데 포크는 밥상을 그림으로 남겼다. 포크가 그린 그림은 술을 제외하고 총 12기다. 구체적인 글씨의 판독이 어려우나, 과일과 전유어, 골동면과 간장·꿀·식초 등의 조미료, 찹쌀떡, 술 등이 올랐다. 이날 밤, 포크와 일행은 찹쌀떡을 먹고 체해 위경련을 일으키며 고생하기도 했다.

익산에서는 특별히 자쿠스카zakuska는 단어를 사용했다. 자쿠스카는 슬라브족의 음식으로 주로 보드카와 같이 먹는 캐비어나 엔초비처럼 소량의 짭짤한 술안주다. 입안의 미뢰를 고통스럽게 하는 독주의 열감을 자쿠스카의 강한 짠맛이 상쇄시킨다. 한국에 오기 전, 석 달간 러시아를 순회했던 포크는 주안상에 놓인 젓갈(또는 어란)을 자쿠스카로 표현한 것 같다.

"전주로 가는 길은 춥고 눈이 내렸습니다. 오늘은 아주 힘이 들었습니다. 수행원들이 많은 고생을 했습니다. 마음이 아픕니다. 그들은 얇은 면 옷에 누더기로 발을 감싸고 짚신을 신었습니다. 짐이 무겁고 피곤하면 가마꾼들은 계속 '오위고 추케타(아이고, 죽겠다,O-ui-i-go, chuketta!)'라는 소리를 냅니다. 헐벗은 아이들도 보였습니다. 집도, 산도, 사람도 한양보다 훨씬 가난합니다."

친일 반민족행위자 전라감사, 성대한 잔치를 베풀다

전라 감영이 있던 전주에서 포크는 여행의 하이라이트를 맞는다. 그는 이날의 소감을 꽤 길게 남겼다. 당시 전라 감사(관찰사)는 친일 반민족행위자인 김성근1835~1919이었다. 한일합병의 공신으로 일본 정부로부터 자작 작위까지 받은 인물이다. 아마 그는 최고 권력자였던 민영익의 후원으로 조선을 여행하는 포크에 대한 정보를 미리 접하고 만반의 준비를 했을 것이다.

통영의 춤인 승전무가 전주에서 공연되었다

"아침 9시에 시종들이 밤과 감, 꿀을 가져왔습니다. 그리고 한 시간 후에 또다시 어마어마한 큰 상이 차려졌어요. 깜짝 놀랐습니다. 상의 높이가 가슴에 닿을 정도였거든요. 아침에도 이렇게 큰 상을 차리는 것이 조선의 접대문화인가 봅니다. 아니면 제가 특별한 대우를 받은 것입니다. 그릇 수가 17개나 됩니다. 이 근사한 아침상도 그림으로 남기겠습니다."

그는 콩밥, 국, 쇠고기달걀국, 오리탕, 쇠고기볶음, 수란, 쇠고기편육, 생선자반, 육전, 닭찜, 생선회, 조개젓과 굴젓, 깍두기, 김치, 무나물, 차갑고 새콤한 콩나물무침, 간장, 식초, 술을 각각 번호로 적어 스케치했다.

"저녁에도 저를 위한 파티가 있었습니다. 기생들은 머리에 18인치나 되는 더미(가체)가 얹혀 있어 고개를 들기조차 힘들어 보였습니다.

일곱째 마당

공연이 끝나자 어린 기생이 내 앞에 무릎을 꿇고 긴 소리를 내며 외쳤고, 그 소리는 관문 밖까지 울려 퍼졌어요. 그러자 방안의 문이 차례대로 열리고 음식이 쌓여 있는 테이블 두 개가 들어왔습니다. 그것들은 높이가 2피트(60센티미터)였고, 30인치(76센티미터)의 직경입니다. 그릇은 1피트(30센티미터) 높이에 있는데 각각 열 명이 먹을 수 있는 엄청난 분량이었습니다. 저는 호랑이 가죽으로 만든 두꺼운 방석 위에 앉았습니다. 테이블 옆에는 놋쇠로 만든 냄비(결상으로 차린 열구자탕) 안에서 야채와 고기에 무럭무럭 김이 나고 있습니다. 달콤한 사탕(옥춘당, 팔보당)을 무늬대로 올려 높게 쌓았습니다. 메인 요리로는 국수가 올랐고 작은 노치케이크(떡살로 문양을 찍은 절편인 듯)도 있습니다. 모찌 위에는 국화꽃이 그대로 보입니다. 꽃향기가 초겨울의 운치를 더하는군요. 국화 모양의 모찌(약과)도 달콤하고 맛있습니다."

포크가 직접 찍은 전라감사와 육방관속들

나주 관아에서 유자정과와 죽순을 맛보다

"장성을 거쳐 나주에 도착했습니다. 길은 좁고 집들은 더러 채색이 되어 있지만 가난하기는 매 일반입니다. 관아는 민가에 비해 말도 안 될 정도로 거창한 건물입니다. 장성에서는 현감이 국과 생강, 감, 소고기 편육, 꿀 등등을 주막으로 보냈습니다. 저는 제 밥값을 지불하기 원합니다. 번잡스러운 관아보다는 주막이 편하기도 합니다.

나주로 오는 길에 어느 외딴 집에서 머물게 되었는데 수일(포크의 시종)은 그곳이 높은 사람의 집이라고 했습니다. 방안에는 비단 옷 같은 것들이 많았고 어느 여인이 살고 있었습니다. 수일이 저에게 귀띔하기를 좋은 물건이 많은 것은 그녀가 첩이기 때문이라고 하더군요. 흰색 치마에 보라색 저고리를 깨끗하게 입은 그녀는 스무 살에서 마흔 살 사이인 듯 보였습니다."

첩은 오늘 묵을 손님이 외국인이라는 것을 몰랐다. 포크는 자신이 방을 차지한 것을 미안해하며 첩에게 "고맙소 (komapso!)"라고 한국말로 예의를 차렸다. 하지만 첩 때문에 아픈 시간을 보내고 있을 본부인에 대한 연민도 지울 수 없었다.

"그녀는 첩이 누리는 안락과는 전혀 다른 진흙 구덩이에 살고 있을 것이다."

"오늘 아침은 오랜만에 목욕을 했습니다. 수일이 뜨거운 물을 받아 방으로 가져온 덕분입니다. 목욕이 일상화되지 않은 조선에서 목욕을 할 수 있다니 참 행복하고 개운한 아침입니다.

유자정과

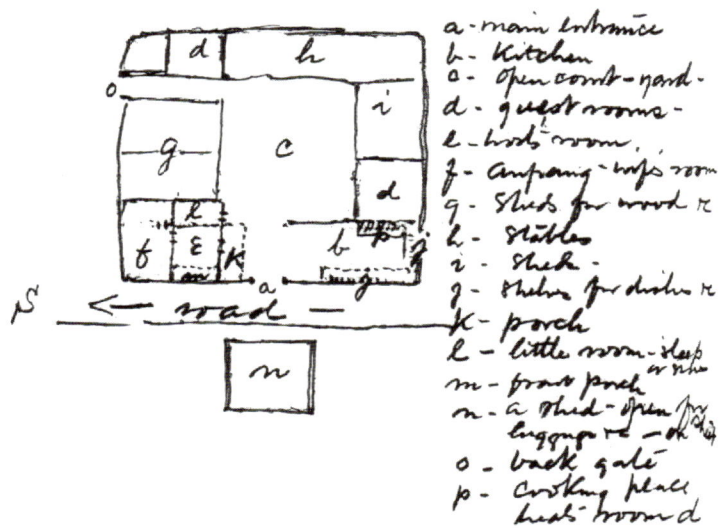

조지 클레이튼 포크가 직접 그린
전라도 주막 내부도

일찍이 나주 목사가 보낸 밥상이 들어오다가 다시 나갑니다. 목사가 음식이 부실하다고 아전에게 호통을 친 것입니다. 어제 목사가 세금으로 바칠 곡식들을 가지러 가는 바람에 만나지 못했는데 제가 도착했다는 소식을 들었는지 밤늦게 밥상이 들어왔습니다. 그런데 제가 상을 물렸어요. 아마 목사가 없을 때 아전들이 가져온 그 형편없는 음식들이 마음에 걸렸던 모양입니다. 목사의 행차를 알리는 나팔소리가 요란합니다. 그는 초록색 옷을 걸쳤고 허리띠를 꽉 졸라맸습니다. 목사가 저에게 '아전을 두들겨 패려고 했는데 제가 싫어할까 봐 하지 않았다'며 부실하게 차려온 밥상에 대해 미안함을 표하더군요. 그렇잖아도 저로 인해 많은 사람들이 매를 맞는 것을 여러 번 본 터라 아전까지 피해를 입는다면, 이 아침이 너무 슬프고 우울했을 겁니다. 사각으로 된 테이블에 새로 음식들이 차려졌습니다. 오렌지 젤리(유자정과)는 나주의 자랑거리라고 합니다. 죽순으로 만든 것도 있습니다. 쇠고기 편육, 삶은 달걀, 김치 그리고 고기 고명을 얹은 국수와 장국을 각각 따로 담았고 식초와 꿀이 있습니다. 깨와 곡물로 만든 달달한 타블렛(강정), 과일들, 놋쇠 주전자에 담긴 소주로 아침상을 받았습니다. 나주에서부터의 여정은 몹시 힘들었습니다. 내 가마꾼들이 폭행을 당해 중상을 입었고 장터도 저에겐 즐거운 일이 아닙니다. 장터에는 반드시 불량배들이나 주정뱅이들이 나타나기 마련입니다. 게다가 날씨는 춥고 음산하며 하늘도 어두컴컴해지고 있습니다. 저는 해인사와 진주를 가고 싶습니다."

합천 해인사의
소박한 사찰식 다과

"저는 치밀한 성격입니다. 독학으로 한국어와 일본어를 깨우쳤습니다. 해인사는 웅장한 절이었습니다. 저는 그곳에서 나무로 된 판(팔만대장경)을 7만 7,080개까지 계산했습니다. 아마 모두 합쳐 약 8만 개 정도 될 것입니다.[6] 해인사 주지는 푸른 눈의 외국인인 저를 반갑게 맞아주었습니다. 들깨, 참깨, 콩으로 된 타블렛(강정)과 큰 쌀케이크(산자)을 대접받았습니다. 해인사는 상당히 웅장한 절이었지만, 크게 감흥은 받지 못했습니다. 승려들이 노크도 없이 함부로 제 방에 들어왔고 산스크리트어로 된 인도 경전이 없었어요."

곡물 강정

"합천 군수는 재미있는 사람이었습니다. 그가 명령을 내리면 밖에서는 '예히'로 답하는 소리가 들렸어요. 그 소리가 몹시 굴종적으로 느껴졌습니다. 군수는 저와 대화할 때, 부하들에게 호령을 할 때 목소리가 시시각각 변했는데 그것이 저는 참 흥미로웠습니다. 제가 합천에서 진주가 얼마나 되느냐고 물으니 군수는 창이 활짝 열려있는데도 고함을 치더군요. 그러나 아무도 답하는 이가 없었습니다. 거주지를 벗어나 보지 못한 이들에게 거리 개념이 있을 리 없겠지요. 합천 군수 역시 부산조차 가본 적이 없는 사람이었어요. 그는 술을 몹시 좋아해 저에게 3종류의 술을 강권하기도 했습니다. 그날, 상에는 떡국과 모찌, 제가 싫어하는 날 것의 내장들이 안주로 올랐는데 말입니다."

6) 실제로 해인사에는 8만1,258개의 목판이 보관되어 있다.

일곱째 마당

팔만대장경이 보관되어 있는
해인사 장경각

"압도적이고 인상적인
   진주 교방상"

"경상도 사람들은 말투가 매우 거칠고 떠들썩합니다. 합천을 지나 저는 지금 진주로 가고 있습니다. 정상에서 바라보는 풍경이 매우 근사합니다. 계단식 골짜기와 대나무 숲, 그리고 자욱한 안개 너머로 진주의 동쪽이 반쯤 숨겨져 있습니다. 서쪽에서 언덕 뒤 계곡으로 몇 개의 큰 대나무 숲이 펼쳐집니다. 이것은 제가 조선에서 본 것 중 가장 크고 아름답습니다. 마을은 성의 서쪽 아래 한 줄로 늘어서 있습니다. 진주는 경상도에서 가장 크고 중요한 곳입니다. 진주성 안에 큰 군사 도시가 있습니다. 높은 관리들이 살고 있고 그들에 의해 잘 관리되고 있습니다. 진주에는 촉석루, 의곡사, 산성사가 유명합니다. 특히 많은 정자pavilion가 눈에 띕니다. 지붕의 곡선이 수면에 드리워져 아름다운 풍경을 만듭니다. 전체적으로 중국과 흡사합니다. 진주는 제가 본 어떤 도시보다 중국풍을 가장 많이 간직하고 있습니다. 남강은 놀라울 정도로 맑고 깊이가 12피트(3.65미터)나 되는데도 작은 돌들까지 내비칩니다."

포크 밥상

수란

"곧 사령⁷⁾과 두 명의 길라잡이⁸⁾, 그리고 졸병이 왔습니다. 성벽을 따라 겨우 영문⁹⁾에 이르렀습니다. 저는 길청¹⁰⁾으로 끌려가다시피 했습니다. 아, 제발 빨리 숙소로 가게 해 주십시오. 저는 너무 지쳤고 외롭기까지 합니다. 통영행은 그냥 포기하겠습니다.(당시 통영은 삼도수군통제영이 있던 곳으로 해군인 포크에게 가장 관심 도시였건만, 통영마저 포기할 정도로 그는 스트레스를 받았다.) 장교(낮은 관리)를 20리 밖에서 만났음에도 저를 위해 숙소는 준비되지 않았고 목사는 살인범 심리로 바빴습니다."

당시 진주성 병마절도사는 훗날 을사늑약¹¹⁾을 반대한 28세의 한규설韓圭卨 1856~1930이었고, 진주 목사는 선정을 베풀었던 58세의 김정진金靖鎭이었다. "아마 침모들인 것 같습니다. 그 여인들은 나를 위해 방을 비켜주었습니다. 방은 시설이 좋습니다. 높은 천정과 창문, 침구가 넉넉히 있고, 촛대, 탁자 등이 있습니다. 밥상이 속히 들어옵니다.

1차로 약주술medicinal rice wine과 찹쌀떡mochi 등등이요. 이것은 첫 번째 예비 상Preliminary pap(정찬)입니다. 곧이어 저는 다시 큰 상(가찬)을 받습니다. 소고기구이fried beef, 닭튀김chicken, 도미구이boiled tai, 삶은 달걀boiled eggs, 뭇국radish soup, 기타 등등 모든 것이 너무도 크고 완벽하게 준비되었으며, 눈길을 끄는 인상적인 밥상이었습니다." 진주에서는 특산물인 소고기와 도미구이, 닭요리가 올랐다. 포크는 우리 음식에 일본어 표기를 그대로 쓰곤 했는데 찹쌀떡을 모찌mochi라고 했듯, 도미도 일본어인 따이tai로 표기하였다. 포크의 상 위에 오른 닭튀김은 조선시대 프라이드 치킨인 포계炮鷄다. 15세기 조리서인 〈산가요록〉에 처음 등장한다. '포炮'는 뜨거운 기름에 빨리 볶아내는 조리법이다. 닭을 잘게 토막 쳐 참기름에 튀기듯 볶아 간장, 참기름에 밀가루를 넣어 걸쭉하게 만든 소스를 끼얹고 초장을 곁들인다.

7) 관아의 잡역부.
8) 수령이 외출할 때에 길을 인도하던 나장羅將, 관아의 심부름꾼.
9) 관청의 문.
10) 하급관리들의 사무실.
11) 1905년 일본이 조선의 외교권을 박탈하기 위해 강제로 체결한 조약이다. 한규설은 을사늑약 체결을 끝까지 반대하다가 조약이 체결된 후 파면되었다.

"진주에는 예쁜 기생들이 많습니다"

"밤 열시에 두 명의 기생들이 들어오다가 겁먹은 표정으로 수일의 방에 숨었습니다. 외국인인 제가 낯설고 무서웠나 봅니다. 사진과 거울 같은 것들을 갖고 가서 보여주며 친절하게 다가가니 그제야 안심하더군요. 하나는 열아홉, 또 한 명은 스무 살이라고 했습니다. 꽤 예뻤습니다. 진주에는 기생들이 많습니다. 제가 밥을 먹는 동안 기생들이 노래를 두 곡 불렀습니다."

포크가 촬영한 구한 말 기생
포크는 기생에 대해서도 기록을 남겼다.

포계

남산은 만세요, 북악은 만만세요
한강은 만세 만세 만만세라
선한 임금이 다스리시니 태평성대로다

노세 노세 젊어서 놉시다
늙어지면 못 놉니다
붉은 꽃도 열흘을 못 가고,
달도 차면 이우는데
인생은 하룻밤의 긴 꿈일러라

포크가 중앙정부에서 발급 받은 여권을 각지 수령에게 보여주면 관아에서는 영수증을 받고 현금을 차용해 주었다. 당시 화폐제도는 지폐가 아닌 동전이었으므로 돈 꾸러미가 큰 짐이었다. 다음날 포크는 진주 목사에게 2만 냥을 빌렸다. 관아에는 50명의 군사들이 머스킷 총과 창, 낡은 깃발을 들고 서있었다. 목사가 하루 이틀 더 묵어 갈 것을 당부했으나 포크는 통영으로 직접 가겠다며 관아를 떠나 주막에 머물렀다. 진주 주막은 작고 허름했지만, 포크가 "아주 좋다"고 표현한 멸치와 청어[12], 그의 속을 따뜻하게 덥혀주던 진주 소주Chinju soju가 있었다. 진주 소주는 원래 민가의 양조장에서 빚어 관아에 공물로 바치던 품목이었다. 1909년 일제는 주세법을 제정해 민간의 술 빚기를 금했고 진주 고유의 소주대신 영남학嶺南鶴이라는 술을 제조해 인기를 끌기도 했다.

포크가 관아를 일찍 떠난 것은 창호 지문에 구멍을 뚫고 들여다보며 소란을 피우는 군중들과 화장실까지 따라오는 무리들 때문에 스트레스가 극에 달한 탓이었다. 그는 더 이상 이런 굴욕과 모욕을 감수하지 않겠다고 다짐하였고 이후로는 음식에 대한 내용들이 없다. 그는 12월 8일 상주 인근에서 갑신정변의 소식을 듣는다. 그와 친분이 두터웠던 민영익이 큰 부상을 당했고 개화파들이 숙청되었다는 사실이 알려지자 사람들은 포크를 '왜놈'이라 부르며 위협했지만 고종이 파견해준 호위병들 덕에 무사히 상경할 수 있었다. 하지만 조선의 이익을 추구한다는 이유로 본국으로부터 파직되었고, 청나라의 횡포에 맞서 조선을 보호하려고 투쟁했으나, 청나라 위안스카이의 압력에 고종은 어쩔 수 없이 그를 추방해야 했다. 일본인 여성과 결혼했던 포크는 홀로 의문의 죽음을 맞음으로써 36년의 짧은 생을 마쳤다. 본국에 보내는 보고서에 "조선은 관리의 착취가 백성의 삶을 전체적으로 피폐하게 만드는 원인입니다."라고 적었던 미국인 포크. 그의 일기는 조선에 대한 사랑의 기록이자 풍전등화를 앞둔 조선에게 보내는 연민의 메시지였다.

술과 떡으로 간단하게 차린 예비 밥상 '정찬(正餐)'

12) 포크는 일본어로 정어리인 아이와시iwashi라고 썼으나 정어리는 진주에서는 먹지 않는 생선이다. 정어리와 흔히 혼동되는 청어였을 것이다.

양반과 기생이 남긴 풍류
진주교방꽃상

아름다움에 반하고
맛에 취하다

끝 마당

백송이 꽃 핀 자리,
백화원 꽃상차림

『의례』에서 도道를 찾다, 정찬正餐과 가찬加餐의 규례

끝 마당

진주는 전통적으로 사족士族[1]의 세력이 강했다. 사족들은 평민에서 양반이 되었다거나, 타 지역에서 이주해온 사대부들조차 철저히 배척했다. 향교의 명부에도 본인들은 원유原儒로, 기타 양반들은 별유別儒로 구분하여 기록했을 만큼 배타적이었다.[2]
진주 관아의 상차림이 격식에 따라 차려진 것은 강성했던 사족들의 영향이 컸을 것이다. 포크의 여행기에서 보여지듯 진주 교방상은 유교의 전통『의례』에 따라 반드시 차려야 하는 정찬正餐과, 정성을 표하는 사치스러운 음식상인 가찬加餐으로 나누어 들였고 그때마다 여러 명의 관노들이 밥상을 들고 나갔다가 새 음식을 차려 다시 들여왔다. 가찬은 연회의 규모에 따라 여러 번 차려졌으며 연회상을 물리면 진짓상의 명목으로 다시 새 밥상을 들였다. 정찬에는 떡국, 김치, 과일과 술 등 필수적인 음식들을 올렸고 가찬에는 찜, 구이, 회 등의 성대한 음식들을 차렸다.
불교를 숭상했던 고려의 전통을 버리고 유교를 새로운 통치의 이념으로 삼았던 조선은 음식문화도 주나라 시대의 복고주의로 회귀할 수밖에 없었다. 다만,『의례』를 기본으로 한 원칙들은 시대에 따라 변화되며 발달해왔을 것이다. 진주향교의 석전제 진설도에는 현재 구하기 어려운 재료들은 유사한 것으로 대체하고 있다. 개암열매는 잣으로, 가시연밤은 호도로, 말밤의 씨는 은행, 노루고기는 소고기로 대신하여 올린다.

다섯 가지 메인 음식이 오르는
수령의 밥상 '소뢰(小牢)'

1) 사족은 수령이라는 중앙권력에 대항하는 지방의 양반 조직으로서 향교를 중심으로 신분적 위상을 엄격히 하며 입지를 강화해 갔다.
2) 『조선 후기 진주의 구향·신향, 원유·별유의 재분석』, 김준형, 2015.

천자의 밥상 태뢰太牢, 수령의 밥상 소뢰小牢

솥은 솥마다 맛이 다르고 격이 다르다. 일상으로 밥해 먹는 솥은 부뚜막 부釜, 자유롭게 걸거나 뗄 수 있는 가마솥은 노구鍑口, 다리가 세 개 달린 것은 정鼎이다. 천하를 아홉 주로 나누어 다스렸던 중국 하나라 우왕은 각 주에서 금을 거둬 아홉 개의 솥을 만들었다. 구정九鼎이다. 구정에는 권력의 냄새가 배어있다. 세상을 지배하는 힘이 담겼다. 솥 안에서 쌀이 밥이 되듯, 솥을 통해 세상을 변화시키는 정치를 상징한 것이다.

중국의 왕은 하늘을 대신하여 다스리는 자, 천자天子라 했다. 스스로 세계의 중심으로 자부했던 견고한 중화사상이다. 태뢰太牢란 소, 양, 돼지의 고기를 두루 갖춘 최고의 상차림으로 황제의 밥상이었다. 유방이 항우의 사신을 맞을 때 차렸던 상이었고, 연나라 태자 단이 진시황제를 암살할 계획을 세우고 자객으로 보낼 형가를 위해 매일 치성을 다해 차린 상이 태뢰였다.[3]

조선은 명나라보다 한 단계를 내린다는 '이등체강원칙二等遞降原則'이 엄하여 천자가 입는 황색 용포는 조선의 임금조차 입을 수 없었다. 조선 접대규례의 토대가 된 유교의 경전에는 연회상을 가장 귀한 손님인 신神을 접대하는 제사 및 장례와 같은 규정을 적용하여 신분에 따라 태뢰, 소뢰, 특생, 특돈으로 구분하였다. 다산은 『목민심서』를 통해 이러한 상차림을 구체적으로 제시한다.[4]

<6개의 그릇 종류에 따른 구분>

고기를 담는 정鼎 - 굽다리 솥 등
밥이나 떡국, 국수 등을 담는 궤簋 - 밥그릇 주발
국이나 조치 등 국물 있는 음식을 담는 형鉶 - 국그릇 탕기, 찌개냄비 쟁가비
전유어 산적, 회 등을 담는 조俎 - 큰 접시
침채, 젓갈, 육젓, 편육 등 물기 있는 음식을 담는 두豆 - 사발
과일이나 어포, 육포, 등 마른 음식을 담는 변籩 - 작은 접시

<신분에 따른 규례>

천자의 사신을 접대하는 상급 태뢰太牢 - 9정, 8궤·7형·9조·8두·8변
정1품 벼슬아치가 사대부를 접대하는 하급 태뢰太牢 - 7정, 6궤·5형·7조·6두·6변
지방 수령의 연회상 소뢰小牢 - 5정, 4궤·3형·5조·6두·6변
높은 관리의 진짓상 특생特牲 - 3정, 2궤·3형·3조·4두·4변
하급관리의 밥상 특돈特豚 - 1정, 2궤·1형·1조·2두·2변

3) 『사기』, 「항우본기-자객열전」, 사마천.
4) 『목민심서』, 예전 제2조 빈객, 다산연구회.

태뢰는 천자의 사신을 접대할 때 차리는 밥상이다. 지방의 수령이 받을 수 있는 최고의 연회상 차림은 소뢰다.[5] 소뢰는 대부大夫의 상징이었다. 예부터 대부가 되면 '다섯 가지 좋은 음식'을 벌여놓고 먹는다고 했다.[6] 소뢰 5정鼎이다. 소뢰로 연회상을 받으면 진짓상은 특생이나 특돈으로 찬품을 갖춘다. 상중급 관리들은 특생이고 하급관리는 특돈으로 차린다. 정鼎에 담는 어漁, 육肉, 포脯, 절육切肉[7]마다 큰 접시의 조俎를 맞추어 같은 수로 추가한다. 두豆와 변籩도 같은 수다. (진주 향교의 석전제에는 태뢰인 8두와 8변을 진설한다.)

조지 포크가 받은 가찬의 진짓상은 소고기 구이를 중심으로 도미구이, 포계를 올려 3정을 맞춘 특생特牲이었다. 이 복잡한 상차림에는 길고 긴 고대 중국의 역사가 소용돌이친다. 기원전 551년, 중국 산둥성에서 큰 인물이 태어났다. 2천 년 간 동아시아를 사상으로 지배한 공자다. 그가 살았던 시기는 주나라의 왕을 중심으로 질서가 무너져 춘추전국 시대에 이르러는 군주 시해 사건만 36건이나 되었고, 멸망한 제후[8]들만해도 52개국이었다. 엉망진창으로 꼬여버린 질서를 바로 세우는 것은 신분에 따른 구별과 예절이었다. 천자인 황제가 할 수 있는 일을 제후가 할 수 없고, 임금과 신하, 부모와 자식, 부부간에도 상하관계를 엄격히 했다. 지켜야 할 예절도 이루 헤아릴 수조차 없이 많다.

공자의 유산은 아직도 우리의 일상 곳곳에 배어 있다. 국은 오른쪽 밥은 왼쪽도, 혼례의 폐백도 빈객에게 비단을 선물했던 '공식대부례公食大夫禮'[9]에서 유래한다. 천자의 나라를 모셨던 조선은 중국을 모방해 가장 중요한 음식을 구이炙로 규정했다. 1609년 광해군기에 명나라 사신에게 올린 가장 귀한 반찬도 다섯 가지 어육을 구워 한 그릇에 담은 오색적이었다.[10]

5) 『목민심서』, 부임6조 제5조 상관, 다산연구회.
6) 『여수총쇄록』, 허권수·황의열 역.
7) 『의례』, 16편, 「소뢰궤식례少牢饋食禮」, 허권수 역.
8) 천자에게 영토를 하사받아 독자적으로 다스리던 통치자.
9) 관리를 접대하는 규례.
10) 『영접도감의궤迎接都監儀軌』 광해군 원년, 1609.

"이것이 사람 먹으라는 음식이냐, 당장 상을 물려라!"

"상을 도로 물리시오! 감히 황제께서 보낸 칙사를 이렇게 박대하다니, 관반[11]과 호조판서는 여기 왜 있는 것이오? 필요 없으니 당장 내 눈 앞에서 물러가시오!"
화가 머리끝까지 치민 명나라 두목[12]은 차려진 밥상을 뒤엎을 기세로 분노했다. 지방 관아의 음식이 워낙 성대하여 궁중의 규례대로 첩수가 제한된 밥상과 큰 비교가 된 것이다. 황제의 칙서를 가져오는 명나라 사신을 칙사라고 불렀다. 그들은 끝도 없는 요구로 조정을 괴롭혔다.

제목 없음
- 국립중앙박물관 소장

끝 마당

영접도감[13]이 이르기를 밥상의 차림은 하나같이 등록謄錄에 있는 대로 마련했지만 지방에서 제공했던 것에 미치지 못하므로 그 마음에 차지 않아 이렇게까지 불상사가 생긴 것이니 지극히 걱정됩니다. 만약 변통하지 않는다면 그 노여움을 가라앉힐 수 없을 것입니다. 해조로 하여금 속히 계품하여 처리하도록 하는 것이 어떻겠습니까?" 하니, 알았다고 전교하였다.[14]

아침엔 비 내렸고 해질 녘 맑아졌던 인조 23년 2월 19일의 『승정원일기』다. 이 사건이 벌어지기 2년 전인 인조 21년, 『영접도감의궤』[15]에는 "명나라 두목을 위해 특별하고 풍성한 상을 차려 접대하였다"고 기록되어 있다. 그날 궁중에서 차려낸 두목의 별다담[16]은 홍합을 초간장에 졸인 홍합초, 세면細麵, 완자를 꿩육수에 말아낸 별탕수과제탕別湯水瓜制湯, 닭고기 완자탕鷄湯, 상화병, 돼지사태 양념구이炙猪肉, 민어구이炙生鮮, 돼지고기를 중국풍으로 간장과 파에 졸인 저육장포猪肉醬泡였다.[17]

생선전

11) 외국 사신을 접대하기 위하여 임시로 임명하던 정삼품 벼슬.
12) 무역을 목적으로 사신을 따라온 상인들. 때로는 사신의 역할을 대신하기도 했다.
13) 중국 사신를 영접하기 위하여 설치된 임시 관청.
14) 『승정원일기』, 정필용 역, 한국고전번역원, 2003.
15) 중국 사신 접대의 제반 사항을 기록한 책.
16) 정식 차림 외에 특별히 차린 음식상.
17) 『현대식으로 다시 보는 영접도감의궤』, 김상보 외, 별다담, 2012.

지방관, 진수성찬으로
능력을 과시하다

지방 수령들의 음식 사치는 일찍부터 조정의 눈엣가시였다. 지방 관아의 상차림이 궁중보다 사치스러웠던 기록은 도처에서 발견된다. 이미 인조3년 1625년에 조정은 한양보다 후해진 지방 관아의 밥상이 도를 넘지 못 하도록 일정한 양식까지 만들어 삼남도에 배포하였으나 수령들은 대궐의 지시에도 아랑곳 않고 진수성찬으로 능력을 과시했다.

접대 규정은 서울이 외방外方보다 후해야 합니다. 그런데 서울은 찬품饌品과 기명器皿 수가 본디 정식이 있고, 외방은 물품을 나누어 정하였는데 수령이 남보다 잘하기에 힘쓰고 능력을 과시하느라 제 마음대로 증가시켰습니다. 이로 인하여 다담상茶啖床 등은 각각 도식圖式을 만들어 3도에 나누어 보내 통지하여 알리게 한 다음 각 관아에서 똑같이 시행하도록 하여 푸짐함과 약소함이 같지 않을 염려가 없게 하는 것이 마땅합니다. 그 도식 1건도 아울러 입계入啓하겠습니다. 감히 아룁니다"하니, 아뢴 대로 하라고 전교하였다.[18]

조선 왕의 일상 수라상은 12첩이 아닌 7첩이었다. 1795년 정조 임금이 어머니 혜경궁 홍씨의 환갑연을 기록한 『원행을묘정리의궤園幸乙卯整理儀軌』에조차 단출한 밥상이 차려져 있다. 어마마마의 환갑잔치에도 불구하고, 왕을 비롯해 왕족들이 받은 밥상은 밥과 국을 모두 합해 7기에 불과하다. (현대에 통용되는 『시의전서』 식으로는 3첩인 셈이다.)

같은 해, 다산은 암행어사가 되어 사치가 도를 지나쳤던 지방 수령들의 실태를 파악한다. 그들의 밥상은 왕족보다 더 성대했다. 수령이 속현을 방문했을 때 받는 순력巡歷의 밥상도 원칙적으로 『의례』에 근거한 소례다. 다섯 가지 메인 음식(5정鼎)을 중심으로 총 29개의 그릇이 오르는 큰 연회상이고 사대부가 받을 수 있는 최고의 상차림이다. 그러나 이러한 규례조차 전혀 지켜지지 않았다. 조선 중기 문신 성현은 "찬상을 마련하고도 또 찬반을 마련하니 좋은 안주와 맛있는 음식이 없는 것이 없고, 탕이나 구운 고기는 모두 쌓여서 한 가지가 아니다"[19]라고 풍속을 한탄하였고, 다산은 "지방 수령들의 밥상이 음식이나 그릇 수가 태뢰의 열 배"나 된다고 개탄하였다.

18) 『승정원일기』, 인조 3년 1625년 을축 3월 21일, 정필용 역, 한국고전번역원.
19) 『용재총화慵齋叢話』, 제1권, 성현.

월과채

현실성 없이 제정된
『국조오례의國朝五禮儀』,
음식사치 불러와

교방 보쌈김치

다산 정약용은 진주 목사 정재원1730~1792의 아들로 태어나 부친에게 글을 배웠고, 진주성 병마절도사 홍화보의 사위였다. 정재원은 진주 목사로 재임 중, 타계하여 시호가 '진주공晉州公'이 된 인물이다. 『목민심서』는 그가 강진에서 유배생활을 마친 1818년에 완성되었다. '1급 정치범 정약용의 책'이라 하여 금서였지만, 지방 관아의 참고서로서 필사본이 돌아 다녔다. 다산 본인조차 두려워할 정도였다.

다산이 지방 관아의 상차림을 『의례』에 따라 권고한 이유는 음식 사치를 경계하는 의미였다.

그는 지방 수령의 음식이 궁중 수라보다 더 호사스러워진 원인에 대해 '현실성 없이 박하고 경솔하게 제정된 『국조오례의』[20]'를 꼬집었다. 조정에서 지방 수령들에게 너무 박하게 찬품수를 제한하다보니, 이를 어기게 되어 점점 규례가 무너졌다는 것이다.

"지금 감사가 관할 구역을 돌아볼 때 군현에서 하는 접대가 아무런 절제 없이 풍성하고 사치에만 힘쓰고 있어 음식이나 그릇의 수가 태뢰太牢의 열 배나 된다. 이는 『국조오례의』에서 정한 것이 현실에 맞지 않게 너무 박하고 검소하기 때문에 허물어져 이 지경에 이르게 되었다. 삼대三代의 전장典章을 상고하지 않고 경솔하게 일시적인 법제를 세우는 경우, 이와 같이 무너지지 아니한 적이 없었다."[21]

조선시대 관원들이 왕래할 때는 아무 길이나 가서는 안 되고 반드시 정해진 노선을 경유해야 했다. 전국 9개의 대로大路 중, 제6로가 진주를 거쳤다. 한양에서 과천을 경유해 천안과 공주를 거쳐 은진, 전주, 남원, 진주다. 조지 포크가 거쳐 온 이 길은 통제영이 있던 통영까지 이어졌다. 진주는 한양에서 열흘이 걸리는 먼 길이었다. 수령들은 중앙 관리에게 잘 보여야만 재임용될 수 있었으니, 최고의 만찬으로 성의를 표하며 줄서기를 했을 것이다. 추천인이 없으면 관리직을 연임할 수 없었던 조선의 제도는 뇌물공세에 불을 지핀 원인이었다. 진주를 방문한 관리들은 융숭한 식사 대접을 받았고, 진주 검무, 포구락무, 한량무, 굿거리춤 등 당대 최고의 공연까지 감상할 수 있었다.[22]

진주교방 음식에는 양반, 기생, 관료, 승려, 군병, 아전, 평민과 노비 등 천차만별의 신분들과 그들의 희로애락이 함께한다. 진주의 시간과 그림자가 머물러 있다. 그리고 거기, 백송이 꽃으로 피어 천년의 맛으로 물들었던 진주 교방의 오색찬란한 음식 문화가 있다.

바를 正, 깨끗할 淨, 곧을 貞, 단정할 姃, 바로잡을 侹
'다섯 가지 오五정'은 진주교방 음식에 담긴 철학이요.

맛 味, 아름다울 美, 빛날 媚
'세 가지 삼三미'는 진주교방음식의 실체다.
'五정三미'의 도道를 담아 꽃상을 올린다.

"다 잡수소!"

---

20) 조선시대 왕실이 정한 예식 절차.
21) 『목민심서』, 예전 제2조 빈객, 다산연구회.
22) 진주검무는 국가무형문화재 제12호, 한량무는 경남 무형문화재 제3호,
    진주포구락무는 경남 무형문화재 제 12호, 진주교방굿거리춤은
    경상남도 무형문화재 제21호로 각각 지정되어 있다.

참고문헌

국사편찬위원회, 『여지도서(輿地圖書)』, 국사편찬위원회(영인본), 1973

성여신, 『진양지(晉陽誌)』, 1622~1632

김세호, 『교남지(嶠南誌)』, 1873

진주문화원 역, 『진주목읍지(晉州牧邑誌)』, 진주문화원, 1991

정광현, 『진양지속수(晉陽誌續修)』, 晉州開文社, 1927

황위주 역, 『영영일기(嶺營日記), 영영장계등록(嶺營狀啓謄錄)』, 영남문화연구원, 2004

하영기, 『진주통지(晉州通知)』, 해동불교역경원내-붕정사(鵬精舍), 1964

진주신문사 역, 『진주대관(晉州大觀)』, 진주신문사, 1995

문화공보부 문화재관리국, 『韓國民俗綜合調査報告書』, 문화공보부 문화재관리국, 1972

하종갑, 『진양민속지(晉陽民俗誌)』, 진양문화원, 1994

이민수 역, 『어우야담』, 올재클래식스, 2022

오희문, 『쇄미록』, 사회평론아카데미, 2020

허권수 역, 『함안총쇄록』, 함안문화원

허권수 역, 『고성총쇄록』, 고성문화원

허권수·황의열 역, 『여수총쇄록』, 여수문화원

설창수, 『설창수전집』, 시문학사, 1986

정약용, 『목민심서』, 다산연구회

정약용, 『여유당전서』, 다산연구회

성무경 역, <교방가요>, 보고사, 2002

김상보, 『현대식으로 다시 보는 영접도감의궤』, 농촌진흥청국립농업과학원
농식품자원부전통한식과, 2011

노승석 역, 『교감완역 난중일기』, 여해, 2019

안동장씨 부인, 『음식디미방』, 경북대학교 출판부, 2011

남명학연구소, 『남명집』, 한길사, 2003

이능화, 『조선해어화사』, 동문선, 1992

김일권 역, 『조선기생관찰기』, 민속원, 2013

안길정, 『조선시대 생활사』, 사계절, 2000

김혁 외, 『수령의 사생활』, 경북대학교 출판부, 2010

박영규, 『조선관청기행』, 김영사, 2018

송영심, 『음식 속 조선야사』, 팜파스, 2017

이효지 역, 『시의전서』, 신광출판사, 2004

윤서석 역, 『음식법』, 아쉐뜨아인스미디어, 2008

『진주의 무형문화유산』, 국립무형유산원, 2015

최남선, 『조선상식』, 동명사, 1947

이용기, 『조선무쌍신식요리제법』, 라이스트리, 2019

김수희, 『근대의 멸치, 제국의 멸치』, 아카넷, 2015

한복려 외, 『음식고전』, 현암사, 2019

『천민 예인의 삶과 예술의 궤적』, 국사편찬위원회, 2007

바츨라프 세로셰프스키, 김진영 [외] 옮김, 『코레야 1903년 가을 : 러시아 학자 세로셰프스키의 대한제국 견문록』,
개마고원, 2006

Samuel Hawley 역, 『Inside the hermit kingdom : the 1884 Korea travel diary of George Clayton Foulk』, LEXINGTON BOOKS·. LANHAM, MD, 2008

정경란, 「비빔밥의 역사」, 『한국콘텐츠학회논문지』, vol.15 no.11, 2015

이윤정·윤예리, 「비빔밥의 명칭·향유계층·조리법의 변화과정 연구」, 『외식경영연구』, 23(5), 2020

사단법인 전국한우협회·영남대 민족문화연구소, 『한우의 기원과 역사Ⅱ』, 2008

농촌진흥청 국립축산과학원, 『축산연구 60년사』, 국립축산과학원, 2012

최유경, 「메이지정부의 식육정책과 아지노모토」, 『日本學研究』, 第52輯, 2017

이정남·미즈타니 사야카, 「이능화의 조선해어화사에 의한 기생사(史) 및 기생상(像)의 왜곡에 관한 연구Ⅲ」, 『한국고전여성문학연구』, 43집, 2021

김달곤 외, 「조선시대 상업과 부보상 조직: 진주권역을 중심으로」, 『경영사연구』, vol.30 no.2, 2015.

이인영·정희선, 「『해동죽지(海東竹枝)』에 나타난 한국음식문화와 사료적 가치」, 『민속학연구』, 제44호, 2019

김영희, 「진주 권번의 활동과 의의」, 『한국음악사학보』, 제65집, 2020

이규진·조민숙, 「근대 이후 한국의 육류 소비량과 소비문화의 변화」, 『한국식생활문화학회지』, 27(5), 2012

박유미, 「高句麗飲食文化史研究」, 인하대학교 박사학위논문, 2014

성경일 외, 『한우문화이야기』, 강원대학교·한우자조금관리위원회, 2017

이상미, 「단양군 향토음식의 인지도와 선호도를 통한 활성화방안」, 『한국콘텐츠학회논문지』, 제9권 5호, 2009

심승구, 「의암별제의 안과 밖-1910년 이전 논개제를 중심으로」, 『한국음악사학보』, 제65집, 2020

주영하, 「비빔밥의 진화와 담론 연구」, 『사회와 역사(구 한국사회사학회논문집)』, 87(5), 2010

주영하, 『경남의 민속문화-경남의 전통음식과 근대음식』, 국립민속박물관, 2013

오승환, 「三國時代 匙箸의 普及과 食事方式」, 『야외고고학』, 제34호, 2019

강정화, 「溪南 崔琡民의 紀行詩」, 『동양한문학연구』, 第32輯, 2011

정연식, 『조선시대 妓役의 실태』, 국사편찬위원회 한국사 데이터베이스
　　　　(http://db.history.go.kr/download.do?levelId=kn_107_0020&fileName=kn_107_0020.pdf)

이경복, 『晉州妓와 論介의 後裔들』, 이경복, 전통문화연구 제2집

김미혜, 정혜경, 『조선후기 문화에 나타난 음식문화 특성』, 한국식생활문화학회지 22(4), 2007

조경아, 『장악원 무동과 기녀의 춤을 사가에 내려주다』, 무용역사기록학 제43호, 2016

김준혁, 『조선후기 晉州의 舊鄕 新鄕 元儒 別儒의 재분석』, 조선시대사학보, 2015

손계영, 『19세기 관아의 주방과 수령의 음식』, 영남학 제17호, 2010

박영민, 『19세기 지방관아의 교방정책과 관기의 경제현실 - 江界府의 「教坊節目」을 중심으로』,
　　　　고려대학교 민족문화연구원, 2009

정영문, <국내 통신사길에 나타난 지방공연문화의 양상과 의미 고찰> 인하대학교, 2008

송영애, 『포크(Foulk)의 일기에 기록된 전라감영의 접대문화』, 전주대학교 식품산업연구소, 2019

　　　　『근대기 서구 문물의 도입-새로운 음식과 식생활』, 국립고궁박물관, 2020

박혜숙, 『18~19세기 문헌에 보이는 화폐단위 번역의 문제』, 민족문학사연구, 2008

최인학, 인하대, <일제강점기의 식문화 지속과 변용> 남도민속연구, 2010

이정임, 『일기를 통해 본 조선시대 妓女의 立役과 運用』, 대동한문학회지, 2009

임미선, 『조선 후기 지방의 연향』, 한국음악연구, 2007

박애경, 『조선 후기 유흥공간과 일탈의 문학』, 여성문화연구, 2005

문화와 역사가 있는 전통음식 古典

양반과 기생이 남긴 풍류
진주교방꽃상

아름다움에 반하고
맛에 취하다

Mesmerizing beauty
and Fascinating taste:

A story of traditional cuisine of Jinju

2022년 7월 4일 초판 1쇄 발행

지은이 박미영
펴낸이 박미영
펴낸곳 재단법인 한국음식문화재단
등록 제2022-000009호
주소 서울시 용산구 효창원로 62길 22, 2층
전화 02-547-5665
전자우편 kfcf@kfcf.co.kr
홈페이지 www.kfcf.co.kr

기획·편집 김경은
디자인 쏘파트너스 정희석, 권선화
사진 김태봉, 조경국
번역 신승혜

ISBN 979-11-979376-9-9 03590
정가 55,000원

이 책의 저작권은 (재)한국음식문화재단에 있으며,
본 기관의 허가없이 무단으로 복사 또는 전재하고 사용할 수 없습니다.

도움을 주신 분들

강춘근 진주 강씨 대종회장
강진옥 진주 강씨 대종회 사무국장
김길수 진주문화원 원장
박옥자 진양 하씨 단지종택 종부
이정령 김해 허씨 종부
최숙선 덕수 이씨 이순신 가 종부
조덕상 풍양 조씨 화사별서 직계손
정영만 무형문화재 제82호-라 남해안 별신굿 기능 보유자
김창효 전 경상국립대학교 대학원장
허정한 김해 허씨 대종중 종무위원
허남설 김해 허씨 대종중 이사장
김성기 승산마을 테마 기획 추진위원
김세환 진주 춘세당한약방 원장
성재정 밀양 미리벌민속박물관 관장
김구숙 전 교육공무원
Smuel Hawley 전 연세대학교 영문학과 교수

특별 감수
허권수 동방한학연구소장, 경상국립대 한문학과 명예교수

그릇협찬 광주요

진주 교방음식에는 양반, 기생, 관료, 군병, 아전, 평민과 노비 등
천차만별의 신분들과 그들의 희노애락이 함께한다.
진주의 시간과 그림자가 머물러 있다.
그리고 거기, 백송이 꽃으로 피어 천년의 맛으로 물들었던
진주 교방의 오색찬란한 음식 문화가 있다.